胜券在握

大学生职业规划大赛机遇下的生涯教育实战指南

赵 昂 著

本书以全国大学生职业规划大赛作为背景和线索，分析大学生涯教育的核心任务和教育主题，并以成长赛道和就业赛道的评审标准为依据，深入解析如何通过生涯教育课为职业规划大赛做准备，并通过生涯故事的方式来呈现大赛作品。

本书既可以作为职业规划大赛的指导用书，也可以供一线的大学教师，特别是那些有生涯教育课程任务的老师、辅导员，以及负责就业指导的老师、班主任等，学习参考。

图书在版编目（CIP）数据

胜券在握：大学生职业规划大赛机遇下的生涯教育实战指南 / 赵昂著. -- 北京：机械工业出版社，2024.11. -- ISBN 978-7-111-76933-0

Ⅰ. G647.38-62

中国国家版本馆 CIP 数据核字第 2024FX7620 号

机械工业出版社（北京市百万庄大街 22 号　邮政编码 100037）
策划编辑：张潇杰　　　　　责任编辑：张潇杰
责任校对：王荣庆　张　征　责任印制：郜　敏
三河市航远印刷有限公司印刷
2024 年 12 月第 1 版第 1 次印刷
145mm×210mm・5.5 印张・1 插页・102 千字
标准书号：ISBN 978-7-111-76933-0
定价：59.80 元

电话服务　　　　　　　　　网络服务
客服电话：010-88361066　　机　工　官　网：www.cmpbook.com
　　　　　010-88379833　　机　工　官　博：weibo.com/cmp1952
　　　　　010-68326294　　金　书　网：www.golden-book.com
封底无防伪标均为盗版　机工教育服务网：www.cmpedu.com

推荐序

荧荧之火，亦可燎原

2023年，我以大赛筹备组成员、省赛评委、课程赛道参赛者、学生就业赛道指导教师的四重身份，全程参与并观摩了首届大学生职业规划大赛。从学校初赛给学生们培训时，看着一张张对生涯规划懵懂的脸渐渐充满期待，到聆听学生们把自己的梦想、激情、尝试和反思组合成奇妙的大学故事动情地讲给大家听，我感触颇深。应该说，生涯大赛是个契机，正因为它的推广及普及，让更多学生从"不得不参赛"变成"不得不重新思考、整理自己的大学生活"。而坐在上海总决赛的赛场上，又是另一种感触：看着一级级遴选出的选手们，带着00后熠熠生辉的个性，自信满满地把自己的专业理想、行动成果和反思规划介绍给全世界，我的心里似乎又多了那么一丝笃定，是该有个舞台，把勤奋、创新、负责任、有担当的中国大学生介绍给这个飞速变化的时代了。而生涯规划大赛的舞台，恰逢其时，应运而生。

所以，我很期待赵昂老师这本书，我更希望它不仅仅是一本备赛的宝典，更是一本大学规划的指明灯。希望这本书能让读到它的大学生们，为了了解专业、学业和职业付出实质而有效的努力；为了应对变迁的时代不断用行动推动自己的改变，不断增强自己的优势能力，迎接未知的挑战；养成总结优势、反思改进的行为习惯，让反思能力的跃迁成为推动自己思维方式转变的不竭动力。大部分学生可能不会成为国奖选手，但是会成为更好的自己，让大学不虚度，这不正是大赛所倡导的真谛所在吗？

赵昂老师的书，敏锐地抓住了生涯规划大赛"以赛促学、以赛促教、以赛促就"的核心要义，站在更高的视角上审视大赛对生涯教育、大学生学习和就业的重要意义。

"以赛促学"指向了大学生的学习，大赛到底想要学生们怎样面对大学的学习呢？从专业资源、榜样资源、社会资源的挖掘到职业目标的树立，大赛想把学生们从学分、绩点、竞赛等无目的的内卷和竞争中拉出来，让他们不得不直视初心，问问自己：目标不同、赛道不同、理想不同，为什么还要去人云亦云地挤独木桥？更何况，大家都是不同的人，有着不一样的优势、志趣和性格，那么为什么不能抬头看看未来在呼唤我们做什么呢？顺应时代的呼唤，参与时代的变迁，享受学习的过程，更笃定地知晓每个专业岗位对我们提出的新要求，然后回应它、挑战它、战胜它，这才是学习的意义所在。

"以赛促教"指向了大学的生涯教育，大赛像一面旗帜，赛制就是生涯教育的导向和指引。几年前的比赛，倡导学生们从认识自己到认知职业，从确立目标到规划路径，赛制隐含着这样一种逻辑：个人可被认知、职业可被了解、目标可被量化，规划则希望有确定的路径。"匹配论"支持下的大赛模式就是过去很长一段时间生涯教育课程模式的一个缩影，大赛存在的问题从某种程度上也反映了课程模式存在的问题。变化是这个时代最大的不变，学生在发展，职场在飞速变迁，现在定下来的职业目标可能在四年后毕业时已被时代淘汰，那么，何来"匹配"可言？所以，在新的赛事倡导下，赵昂老师及时捕捉到生涯教育的新方向——未来的生涯教育应该是以学生的梦想教育为核心，以提高学生的生涯适应力为着眼点，让学生不断在行动中建构自我，提升优势能力，拓展生涯适应的领域，来迎接时代挑战。那么，各位生涯教育的教师们，你们做好迎接挑战的准备了吗？当我们的课堂不再由兴趣、性格、价值观的测量工具所主导，你做好和学生对话、陪学生行动、听学生反思、和学生共同建构的改革准备了吗？

"以赛促就"指向了大学的人才培养，比赛期望在更大层面影响高校的人才培养理念。就业当然不是毕业时才开始谋划的"一锤子买卖"。回头看一下，一个在毕业求职中暂时失利的大学生，大三有没有在实习中获得与专业对话并在专业中实践成长的机会？大二有没有打下坚实的专业知识基础？大一有没有形成系统的专业认知，有没有建立专业认同感和使命感？在哪个环节出了问题，都有可能让他在大四一无所获。赵昂老师敏锐地把"以赛促就"单独成章，是智慧的，因为环环相扣的人才培养策略，才是真正影响大学生就业的关键所在。如果教育管理者能够感受大赛的意义，或者说大赛的显性指标能够让学校在人才培养的过程中建立坚实的"就业育人"体系，让教育的施策者能够始终围绕学生的职业探索能力、成事能力、发展潜力完善培养方案和评价指标，那么，学生岂不是受益匪浅？

当然，我明白我们不能赋予一场比赛过重的意义，高等教育的复杂性又岂是一场比赛就能够左右的呢？但我仍然期待着赵老师的这本新书，因为那是一种呼唤、一种坚持、一种相信可为的力量。我身边的许多生涯教育者，都是像赵昂老师一样的人，他们都是在自己的领域，凭借满腔热情去努力的人。但是，谁说荧荧之火不会汇聚成光，形成燎原之势呢？

边宇璇

河北省生涯发展教育专家团队副组长

首届全国高校教师教学创新大赛（就业指导课程赛道）

一等奖获得者，"全国就业创业金课"负责人

前言

进入职场前的最后一站

我在生涯发展领域，耕耘了多年，服务过的客户非常多元，研究的主题也非常广泛。从职场人的职业生涯发展咨询与培训，到大学生的职业生涯规划课程，再到中小学生的生涯教育，随着研究领域的不断拓展，我就越来越意识到生涯教育的重要性。

对于职场人来说，因为其已经成年，可以自食其力，能够自负其责，同时还会兼具其他社会角色，相较于学生来说，其生涯任务就复杂得多。作为职场人，不仅要知道需要完成的明确的工作任务，还要知道如何理解并完成与领导、同事沟通中那些不确定的、模糊的任务。不仅要关注被交代的任务，还要主动关注那些有助于将来发展的任务。不仅要关注职场内的发展，还要关注社会角色、家庭角色的任务。不仅要关注他人的要求和需求，还需要关注自己内心的热爱和期待。然而，面对复杂的人生课题，偏偏有很多人并没有做好准备，就身不由己地进入了"角色"。

于是，迷茫和焦虑，就会相伴而生。如果说进入大学之前，学生们还可以选择躲进课本里的话，那么进入大学之后，就要直面即将到来的职场了。尽管有人还想以考研或留学的方式"躲"几年，有人还想以考编的方式获得一些确定性，但是，那个独立面对生涯课题的时刻终究要到来。而且，越早面对，越早准备，就可以越早实现角色转型。

令人遗憾的是，在向我咨询过的职场人中，即便是已经工作多年，甚至颇有职业技能与经验的人，却依然缺乏"生涯发展的意识"。其表现为：没有想过自己的独特价值，不清楚自己的优势，不知道已经积累或者将要积累什么职业发展的筹码，不理解职场的基本规则，更不知道自己的热爱所在和天命所属。于是，表面看上去的"工作光鲜"和"一切顺利"，其实只是"内心迷茫"和"四处碰壁"。

这是因为大学生在进入职场前，缺乏必要的职业训练，更长远地讲，是整个学生阶段生涯教育的不足。可是，大学里一般都开有"职业规划课"啊？坦率地讲，好多大学里的职业规划课，要么僵化地讲自我探索，要么功利地讲如何求职就业，这些话题对于一个缺乏自我探索体验，以及尚未进入职业角色的大学生来说，很难发挥其预期的价值。

教育主管部门肯定也意识到了这样的问题。从教育部举办的全国大学生职业规划大赛中的种种设置来看，不管是两个赛道的划分，还是理论依据的调整，或者评审标准的设置，都希望调整生涯教育的关注点，关注大学生的成长和发展，关注大学生的真实就业能力的提升，关注大学生在重要生涯阶段的转型。并且实现"以赛促教，以赛促学，以赛促就"。大学的教育者们也意识到了调整的意义所在，但是在具体的教学实操中，如何调整生涯教育，进而如何指导学生们准备职业规划大赛，成了一线大学教师们面对的一个课题。

在深入研究了相关文件之后，我把自己对大学生涯教育的认识，结合之前在几所大学开设职业规划选修课的经验，并在访谈了一些一线大学教师的基础上，形成了自己对于职业规划大赛的全面思考。这些内容经过研发、打磨，已经形成了两天的线下课程，并给河北师范大学、齐鲁工业大学、北京石油化工学院、北京劳动保障职业学院等一些院校的教师开课，获得良好评价。经过整理，我把相关内容编辑成书，以供更多老师参考，希望更多大学生可以受益。

这本书从结构上分为三个部分。第一部分就是第一章，是对职业规划大赛的分析和解读，从赛道划分、理论选择、未来发展等多个角度来阐述，让读者对职规大赛有更加深入的理解，这是准备大赛的重要前提。第二部分是全书主体，包括了第二、三、四章，以职规大赛所倡导的"以赛促教""以赛促学""以赛促就"为主线，分别阐述了大学生涯教育的核心任务和主题，以及参赛作品中的成长赛道和就业赛道作品如何做准备。第三部分就是第五章，从参赛作品的形式角度来阐述生涯故事的建构，帮助大学教师和大学生们建立更加积极和主动的生涯建构意识。

本书在写作过程中，得到了北京石油化工学院的朱明老师和北京劳动保障职业学院的王巧莲老师的大力支持。他们给我提供了近几年的一些学生案例和职规大赛的参赛作品案例，为本书丰富了素材内容。感谢他们的支持！

希望本书的出版可以真正帮到一线大学教师，特别是那些有生涯教育课程任务的老师、辅导员，以及负责就业指导的老师、班主任。我真诚地希望和老师们携手，把参加职规大赛作为一次契机，真正实现大学生涯教育的一次升级，促进更多大学生们高质量就业，成熟自信地走向职场！

目 录

推荐序　荧荧之火，亦可燎原

前　言　进入职场前的最后一站

第一章　职规大赛是一个机遇 …………………………… 1

　第一节　两个赛道的划分：回归真正的生涯教育 ………… 2

　　一、两个赛道的设置，是对生涯教育本质的回应 …… 3

　　二、生涯教育的关注点：学生的发展和成长 ………… 5

　　三、生涯教育需要落实到全面能力的提升 …………… 7

　第二节　生涯理论的选择：调整了生涯理论的导向 ……… 10

　　一、职业匹配论 ……………………………………… 12

　　二、还原论 …………………………………………… 13

　　三、生涯决策理论 …………………………………… 15

　　四、生涯发展论 ……………………………………… 16

　　五、生涯学习和社会认知理论 ……………………… 17

　　六、后现代的建构理论 ……………………………… 18

　　七、本土化的生涯尝试 ……………………………… 19

　第三节　大赛规格设置：酝酿一场变革 …………………… 24

一、从"竞技体育"到"全民体育"的转变……………… 24
二、对于就业问题的关注：校企之间的深度对接…… 25
三、大学生涯教育研究方向的深化………………………… 27

第二章 以赛促教：大学生涯教育的核心任务与教育主题…… 29

第一节 大学生涯教育的两个核心任务…………………… 30
一、如何度过大学四年，是大学生涯教育的一个核心任务………………………………………………………… 31
二、拥有一个可期的未来，是大学生涯教育的另一个核心任务………………………………………………………… 35

第二节 大学生涯教育的三个主题……………………… 39
一、适应：适应大学生活………………………………… 39
二、发展：发展出面对未来的能力……………………… 45
三、转型：转型为职场人的角色………………………… 51

第三章 以赛促学：赢得成长赛道的三个核心…………… 57

第一节 职业目标：从何而来……………………………… 60
一、几种确定职业目标方法的局限……………………… 60
二、职业目标的三个来源………………………………… 62

第二节 成长行动：如何设计……………………………… 75
一、两种类型的"发展"…………………………………… 76
二、成长成果的三种呈现方式…………………………… 82

第三节 目标契合：如何规划……………………………… 88
一、目标契合的意义……………………………………… 88

二、通过复盘调整目标契合度 ················· 90

三、通过计划制订呈现目标契合度 ··············· 95

第四章 以赛促就：赢得就业赛道的三个核心 ········· 101

第一节 求职目标：关注职业探索能力 ············ 105

一、为什么：我为什么想要求取这个职位 ··········· 106

二、是什么：这个职业目标的具体情况是怎样的 ················· 110

三、怎么做：职业要求是什么 ················· 112

四、锁定求职目标，关注的是职业探索能力 ········· 114

第二节 求职准备：关注成事能力 ··············· 117

一、找出自己目前状况和职业要求之间的差距 ······ 117

二、设定为了达成目标，弥补差距的各个节点 ······ 119

三、找出实现路径，展示求职实战能力 ············ 120

第三节 目标匹配：关注发展潜力 ··············· 123

一、在一份工作中，你实际扮演的角色以及参与的程度 ······················· 124

二、从实习实践经历中学习到的经验 ············· 125

三、在一个挫折失败的经历中获得的成长 ·········· 125

四、从成就和成果中总结出来的优势 ············· 126

五、从具体工作场景中看到的发展方向 ············ 127

第五章 讲好生涯故事，开创无限可能 ············ 131

第一节 塑造主线 ·························· 133

一、大学生涯教育中需要特别关注的生涯意识 …… 133
　　二、三条生涯故事的主线……………………………… 135
第二节　围绕三条主线的故事元素………………………… 139
　　一、"追寻梦想"的故事元素………………………… 139
　　二、"创造价值"的故事元素………………………… 143
　　三、"主动探索"的故事元素………………………… 148
第三节　贯穿主线的核心…………………………………… 154
　　一、主动创造机会…………………………………… 155
　　二、主动丰富资源…………………………………… 156
　　三、主动提升价值…………………………………… 157

后记　生涯教育是一个系统………………………………… 159

参考文献…………………………………………………………… 162

第一章

职规大赛是一个机遇

　　努力将大赛打造成强化生涯教育的大课堂、促进人才供需对接的大平台、服务毕业生就业的大市场。通过举办大赛,更好实现以赛促学,引导大学生树立正确的成才观、就业观和择业观,科学合理规划学业与职业发展,提升就业竞争力;以赛促教,促进高校提高大学生生涯教育水平,做实做细毕业生就业指导服务;以赛促就,广泛发动行业企业和高校参与赛事活动,推动人才供需有效对接,全力促进高校毕业生高质量充分就业。

　　——《教育部关于举办首届全国大学生职业规划大赛的通知》

第一节 两个赛道的划分：回归真正的生涯教育

这次职业规划大赛面向参赛学生划分出了两个赛道：成长赛道和就业赛道。文件中说：

成长赛道是面向中低年级学生的，是要考察其职业发展规划的科学性和围绕实现职业目标的成长过程，通过学习实践持续提升职业目标达成度，增强综合素质和能力。

就业赛道是面向高年级学生的，考察其求职实战能力，个人发展路径与经济社会发展需要的适应度，就业能力与职业目标和岗位要求的契合度。

我认为，这样的划分，不是一个简简单单的对于学生年级的划分，而是一次真正的生涯教育的全面回归。这对生涯教育来说，是一次重新定义的机遇。

一、两个赛道的设置，是对生涯教育本质的回应

之所以说赛道划分是真正的生涯教育的回归，是因为在此之前，谈到生涯教育，人们往往想到的就是"职业"生涯教育，甚至直接等同于"就业教育""职业教育"。于是，很多高校在做生涯教育的时候，会把关注点放在最后的就业上。不仅在毕业季联络很多就业活动，请职场人士分享求职经验，联系用人单位进校宣讲，而且把就业意识贯彻到了大三，甚至在新生入学的时候，就让学生们开始关注未来毕业时的走向。这样的情况延伸到中小学基础教育阶段的生涯教育，也演变为"对未来职业的考量。"

诚然，毕业之后的去向至关重要：是否直接就业，是否继续读书考研，这是每一个大学生都要面对的重要人生问题。然而，如果从一上大学就瞄准考研，瞄准就业，就会把大学变成一个研究生预科班，一个职场人加工厂。大学期间的大好年华，无法发挥好其应有价值。

而这一次把职业规划大赛划分为成长赛道和就业赛道，本身就是在提醒人们关注：除了就业，还有一件更为重要的事——成长。促进学生成长、推动学生发展，是生涯教育的应有之义。

生涯教育不同于职场上的职业教育，其根本区别在于面向对象的不同。生涯教育面向的对象是学生，是没有承担起独立的社会角色与经济责任的人。而职业教育面向的对象是从经济上独立，角色上多元，工作上自负其责的人。对象的区别，直接决定了教育内容的重心差异。职业教育关注的是职场人的技能和职业素养的提升，更期待立竿见影的改变和职业价值的转化，从这个角度来说，我更愿意把职业教育看作有直接目的的"培训"。

生涯教育则不同。生涯教育有两个关注点：一个关注点在未来，如何才能为未来做好准备。从这个关注点来看，大学生准备就业，中学生准备专业，这无可厚非。然而，生涯的准备不只是一种"谋生"的准备，还有为新角色出现的准备，为更长远发展的准备，比如，探索热爱的事情，发展人际交往的能力，更多了解社会规则等。另外一个关注点在当下，即如何过好当下的生涯阶段。把大学四年放在整个生涯中来看，这是一段珍贵而独特的阶段，大好青春，充满活力，锐意进取，精力旺盛，热情好学，向往社交，情感丰富。如何才能把握好当下这个阶段，在日后回忆起来时候，既充实又幸福，这也是生涯教育所关注的。

生涯教育不求产生"速效"，或者说，不追求产生直接的收入回报，而是追求对一个人的影响——当下的影响和未来的影响。一个人因为教育的影响而发生了改变，这样的改变，被称为"成长"。

职业规划大赛设置的两个赛道，就是对生涯教育本质的回应。其中，面向中低年级大学生的成长赛道，就是关注成长过程，关注综合素质和能力的提升。有了这样的赛道划分，参赛者势必会关注：除了求职就业，在大学的前两三年，我需要做点什么？毕竟，准备求职的事，放在了就业赛道，放在了高年级。

二、生涯教育的关注点：学生的发展和成长

对于大学生来说，成长是一个重要的人生课题。因为此时的大学生面临着一个重要的角色转型：从几乎不独立的状态，转变为半独立的状态。一般来说，在大学期间，大学生可以自由掌控生活费，可以自主安排和计划自己的学习和课余时间。这样的角色转型，势必对人提出了更多的要求，要求大学生快速成长，拥有良好的自我管理能力，进而可以高效完成学习任务，统筹安排各类时间，获得综合素质的全面提升。

这时候的成长，不仅是通过最后的考试成绩，或者各类证书看出来的，也不只是最后求职的时候展示出来的职业技能。那些只是成长之后部分结果的呈现，教育者们要关注的是：在过程中，学生们生涯意识的调整，独立能力的提升，面对各类变化时的应对，以及对自我的探索，对未来的思考。在毕业时，是否就业、

是否考研的结果很重要,但是更重要的是,和进入大学时相比,一个学生是否成长了。多年之后再看,这段大学生活是否对日后的发展起到了积极的影响作用。

大学的生涯教育,就是要通过生涯发展的视角来关注两个问题。

第一个问题:这个阶段最需要关注的成长点是哪些。第二个问题:这些成长点可以通过什么样的教育活动设计来实现。成长点很容易找到,虽然每个教育者对于学生的成长内涵都有不同理解,但是不可否认的是,都是围绕着"当下的生活"和"未来的准备"两个方向来设计的。

只是,成长到底该如何呈现?是不是一定只能是"内隐的"呢?这次职业规划大赛中的成长赛道提出了"行动成果"的考核指标,这是一个提醒教育者重视学生成长的重要信号。虽然每个人对于成长的理解可以各不相同,但是无论是怎样的成长,都可以通过展示成果来记录成长。并由此提醒参赛者注意:一定要建立成果意识,不要让成长只停留在自己的感受中,还要通过设定目标来规划成长,通过行动计划来实现成长,通过最终成果来标记成长。这是对于"成长"维度的重视。

同时,我们还需要理解的是,成长赛道设置的目标,绝非确定的和一成不变的未来职业目标。即便是在最初有一个清晰具体的职业目标，在成长过程中，这样的目标也可以设置更多节点。比如，一个师范生把毕业后做一名人民教师作为职业目标，在过程中，就可以有获得演讲比赛一等奖的成长目标，借由这个目标来提升自己的公众表达能力。然而，成长过程是充满曲折的，最后的结果不一定能够如愿，这并不能说明没有成长。所以，我们要展示的是"成长成果"，而不是"获奖结果"。所以，演讲没有获得一等奖，并不是没有达成目标，更不能说是失败的。而是从中分析，自己获得了什么成长，接下来需要做如何调整。这才是成长赛道对于大学生成长的关注所在。

三、生涯教育需要落实到全面能力的提升

处于求职季的大学生们往往会面临一个尴尬：长期以来，因为适应了通过考试来证明自己，在毕业的时候，能拿得出来的，就只是一些学业成绩，以及各类资质证书。这些成绩固然很好，但是在用人单位看来，却远远不能证明一个人将来的职业能力。负责招聘的 HR 在时间紧、任务重的情况下，面对千篇一律的求职简历，把招聘视为"抽盲盒"，只能依靠一些可见的指标来衡量。这就提醒教育者和大学生要关注：如何全面提升自己的能力？如何证明这些能力？

求职只是一个场景，是对处于生涯阶段转型期的大学生进行能力检验的场景。其实不仅仅是求职，大学这样一个人生中至关重要的阶段，许多能力都值得被关注。

比如，对于一个偶然得到的消息，如何收集更多信息进行求证？比如，如何通过社交活动与其他人产生连接？比如，如何通过沟通从关键人那里得到一项工作的关键要求？比如，在面对一个模糊的场景时，如何做出自己的决策？这些能力无疑都与一个大学生所处的环境和生涯阶段密切相关。当一个人的生活学习状态更加独立的时候，就必然需要担负起以前父母和老师帮自己承担的责任。需要自己做决策，需要自己承担后果，需要自己创造机会去争取资源，需要自己拓展社交圈，需要自己规划发展路径。

这些全面能力的提升或许不会像考试一样带来直接的"纸面"认可，然而，值得注意的是，大学生当下和未来所处的环境也不再是依靠一纸成绩来证明的了。拥有全面能力的大学生势必会获得更多机会，势必会获得更多发展的可能性。对于能力尚且不足的大学生来说，大学阶段就是一个黄金成长期。因为一旦离开校园，进入职场，再想要成长，所需要付出的成本和代价将是巨大的。

所以，**职规大赛的成长赛道就特别关注通用素养和就业能**

力，更关注阶段性成果，以及自我评估和动态调整。

综合起来讲，职规大赛中两个赛道的设置，是一次对大学生涯教育进行全面重塑的机遇。无论是教育者，还是大学生，都会因为职规大赛而开始真正关注大学期间的成长，而且是生涯发展意义上的长远的成长。

第二节　生涯理论的选择：调整了生涯理论的导向

在一次分享中，北京师范大学心理学部的乔志宏老师讲到当前生涯教育理论体系中存在的一些问题，其中，讲到了一些目前还广泛存在，但是急需调整的理论观点：

（生涯教育）以美国20世纪初的特质因素理论、生涯发展阶段理论为基础；

还原论的思维模式：把人的生涯特点分成性格、兴趣、能力、价值观等具体的维度，加以精确测量；

信息的完全性特点：相信个体能够掌握所有职业信息；

完全理性决策模型：个体可以通过对个体特点和职业信息的量化评估，做出客观、理性、"去我"的决定；

稳定的生涯发展阶段：遵循探索、建立、维持、衰退的轨迹。

在我看来，如果就理论本身来讲，可能大家都知道这些理论缺陷，知道不能再用这些观点来指导当下的教育。但是在实践中，往往又会回到固有模式之中。出现这种情况的一个重要原因就是：没有更为合适的生涯理论可以更方便地解读社会发展。所以，这更需要我们调整和丰富生涯理论，并且倡导和更新生涯理论。此时的职业规划大赛就是一个重要契机，作品的展示，本身就可以看出背后的认知与理念，进而看出生涯教育中教育者的指导方向。

对于生涯理论的认识，我有以下几个观点。

第一，生涯理论来自现实生活。人们从问题和现象出发，抽象提炼出来一些规律和认知，进而回到现实生活，用这些理论指导我们的认知和行为。从这个角度来说，如果失去了现实基础，理论就失去了价值。这也是有些理论过去适用，现在不适用，国外适用，本土不适用的原因。从这个角度来说，生涯理论，从来就不应是"空穴来风"。我们学习生涯理论，必须找到对应的现实基础。

第二，所有的生涯理论，都是在帮我们打开真实世界的一个侧面，向我们展示一种可能性。我们可以主张某些观点，但绝不能用单一观点来决定我们的世界。任何理论观点都有其适合的场景。比如，有人很喜欢后现代建构理论，喜欢"拥抱偶然"，这是目前流行且很有价值的理论观点。但我们要知道的是，值得拥抱的偶然是在有方向的前提之下，而不是守株待兔式地等待一切

"偶然"的发生,然后合理化地解读为,要拥抱偶然。

第三,任何一种理论都需要进行多角度分析。有些理论观点过时了,或许只是部分观点不适合当下现实,甚至是倡导的主要观点不合适了。但并不一定要摒弃其研究的全部内容。比如,匹配论过时了,过时的只是静止的"终生匹配",但是把"匹配"意识放在某一个具体节点上,并不过时。在求职过程中,无论求职者还是雇用方,都会追求当下的人职匹配。

所以,我们更需要对常见的生涯理论有所了解,将其灵活有效地运用于教育中,指导学生们的生涯发展。

下面对一些常见的生涯理论进行简单分析。

一、职业匹配论

职业匹配论的最大问题,在于匹配的静态化。这一理论本来是起源于百十年前的西方社会,那时候,职业类型比较少,人们对自我的认知非常有限,人才交流的幅度小、频率低。所以,一份职业可以匹配终生,且成为常态。不要说百十年前,就是在20世纪八九十年代,在我国,多数人依然会以一份职业作为终生职业,甚至工作单位也没有调整过。人们完全可以通过性格表现、操作技能、反应速度、学习能力等特征来对人与职业进行大致匹配。但这样的"终生匹配"在现在已经完全行不通了。工作机会很多,新工作层出不穷,人们不是静止地呈现一些固定特征,而是可以不断发展出新的能力,展示出新的特征。所以,从长远来讲,"静止的、终生的"匹配失效。

然而,从某一个具体节点来看,不管是个人求职,还是职位招聘,都需要找到最适合当下的一种"匹配"。如果职位的要求很明确,如果求职者对自己的认识非常清楚,那么,适合的、匹配的职位也必然是人们追求的选项。很显然,这有利于个人价值的最大化,也有利于提升工作效能。只是,我们还需要知道的是,当下的匹配不意味着一直匹配。职业的工作内容会随着技术发展、市场需求的调整发生变化。职场人也会随着经验增加,学习到新的能力,打开了更大视野,调整了不同的生涯阶段,而有了新的变化。人与职位之间的匹配,就需要再次调整,形成一种动态平衡。

从这个角度来看,我们不需要也不可能丢掉"匹配",需要淘汰掉的观点是:静态的永久匹配。

二、还原论

还原论是把人格特征划分为兴趣、能力、价值观、性格等维度，认为通过某种方式，比如测评，可以把这些维度的特征显现出来，进而再进入匹配：看看其适合做什么。还原论的假设是人有一个"真我"，我们可以通过各种方式找到那个"我"。可是，我们发现，这个假设本身可能就是有问题的：或许，我们正是通过经历、行为，不断地塑造出来一个"我"，而不是发现一个已经存在的"我"。这样的观点，不断得到更多人的认可。

据我所知，一些秉持还原论的观点在现实教育中的应用极其广泛，比如霍兰德职业兴趣理论、MBTI 类型理论、舒伯的价值观理论等。这些理论和测评之所以备受欢迎，原因也很简单：人们追求快速获得一种确定性。仿佛从测评中得到一个代码的时候，就可以给自己贴上标签了：我就是 S 类型人，我就是 E 人、我就是 I 人……

如果说还原论的假设还有争议的话，我更愿意从理论的信念选择角度来看这个问题：你是愿意相信可以创造更多可能，还是愿意相信可以被别人定义的"本来就是什么类型"？做好了选择，就可以做出完全不同的判断了。

然而，还原论也有值得挖掘和发展的部分。即便你选择抛弃假设"真我"的还原论，也不必完全抛弃那些对人格的研究。我们依然可以借助霍兰德理论理解职场中的工作内容类型，可以借助 MBTI 理论理解如何与不同人格特质的人进行沟通交往，可以借助不同的价值观系统理解自己和别人的不同选择。同样的理论，使用起来，会有完全不同的效果。

三、生涯决策理论

生涯决策理论不是一个单一的理论，而是涵盖了众多理论。这些理论跨越学科界限，融合了心理学、经济学等不同学科。生涯决策理论关注的对象仅限于个人生涯发展过程中的决策行为，却不包括组织决策、经济决策、战略决策等决策行为，而科学家们对这些方面的研究从来就没有停止过，这些关于决策的研究都值得我们借鉴。所以，做生涯教育的老师们就不要只是局限于被冠以"生涯"之名的职业决策理论来考虑这个问题了。

我们需要提防两个假设：一个假设是人可以做出理性决策；另一个假设是人们可以获得充分的信息再做决策。这两个假设显然难以立足。一些典型的误区还会出现在一些大学生涯课上，有些生涯课的设计结构还是：认知自我、认识世界、找到交集、进行选择。这样的框架很容易让人们固守在一个这样的束缚里：我可以在了解了自我、了解了世界之后，就得出一个准确决策。真实情况是，我们完全可能因为某个突发原因或者某种冲动进行一个职业选择，或者做出某个生涯决策。这样的行为，可能是"非理性"的。而且，我们绝无可能达到一个对世界、对自我完全认知的程度，甚至都无法知道已经认识到了什么程度。

所以，关于生涯决策，我们教育者需要更多地学习决策判断行为的过程和决策影响因素，进而帮助学生们意识到自己的每一次决策都意味着什么，可以如何调整。这才是生涯教育要做的事情。

四、生涯发展论

最广为人知的生涯发展论是舒伯的生涯发展论，特别是五个时期的划分，这又让一些人抓到了确定感。只是，我们都知道那些阶段划分早已不符合现实场景了。甚至在最初，这个理论对于生涯的阶段划分就不符合我国的社会现实。但是，请注意，如果只是抓住了生涯阶段的划分，那并没有抓到生涯发展理论的核心。

生涯发展理论也不是单一理论观点，除了舒伯生涯发展论之外，还有金兹伯格的职业生涯理论、蒂德曼的发展理论等。我们要关注的，恰恰不是这些理论对于人生阶段划分的节点，而是关注三个重要的概念。一个是**生涯的概念**，把生涯从职业扩展开去，看到职业角色与其他社会角色之间的联系。一个是**自我的概念**，在生涯发展的历程中，每个人都在不断发展着自我，这本就是一条重要的生涯主线。还有一个是**阶段的概念**，不管是哪种划分，生涯的阶段性，都是人们对于人与社会之间互动规律的一种认识。理解了这三个概念，生涯发展理论才有了意义。

教育者就是需要帮助学生们建立起这三个概念，让学生们掌握不断自我发展的意识和能力，才有可能在自己未来的生涯发展中，适应属于他们的生涯阶段。

五、生涯学习和社会认知理论

在实践中，人们对这一理论的应用并不多，那是因为该理论相对复杂，这类理论关注过程，人们很难看到一个确定性的结果。而今，职规大赛明确要关注成长过程，要关注评估与调整。这类理论就被放到了必然要重视的位置。

其实，我们对这类的理论并不陌生。尤其是自我效能的概念和认知信息加工理论中的 CASVE 循环，还有社会认知职业理论中那个复杂的框架，以及克朗伯兹的那个经常被当作鸡汤来看的偶然学习理论。只是，在实践中，这些理论没有一个简单的模型，也没有可衡量的结果，于是，人们就只记住了富有哲理的只言片语。

这样的理论之所以能成为生涯教育的理论导向之一，就是因为其关注到了两点：**一个是关注个体能动性**。不管是自我效能的概念，还是职业生涯自我管理模型中的各类影响因素，都让人们看到了通过主动干预可以影响未来的现实。**另一个是关注不确定性的意义**。特别是偶然学习理论，让我们意识到，即便身处不确定之中，我们依然可以与不确定性共舞，创造出新的可能。一个人是否具备这样的理念，不是通过一个测评结果体现的，而是通过观察其在成长过程中的"认识"来看到的。具备这样理念的大学生，才会更有能量"规划"自己的未来。

六、后现代的建构理论

后现代的建构理论在近些年备受欢迎，因为人们从中可以感受到"我命由我"的掌控感，只是在生涯教育中，建构理论的应用还远远不够。建构理论更多是一些观点的阐述，缺少操作性，这些观点也很难在短时间内改变人们固有的一些模式。而建构理论的应用关键就在于：同样的现象，你可以怎么看？

职规大赛关注成长，建构理论势必会登场。无论是在对成长过程中的挫折的解读上，还是在对梦想调整升级、对梳理过去经历呈现的优势、对面向未来进行规划的解读上，都需要有建构的视角和观点，以形成一个自洽的系统，一条奋进的主线和一种让人期盼的未来。

七、本土化的生涯尝试

在我看来，不管是任何一种西方的"生涯理论"，还是我国传统文化中各类分散的人生哲学，其实都是关于如何过好这一生的人生智慧，都是为了解决不同人生阶段出现的困惑。如果可以统整起来看，也都是"生涯智慧"。虽然人们的天赋各不相同，但是这些智慧一旦以知识的形式被传递，那么，就会有更多人因此受益，丰富了认知，提升了能力，增长了智慧，从容地面对人生。这或许就是这门学问的价值和意义吧。

在多年实践的基础上，结合各类生涯理论，我提出了一个"全景生涯观"的模型，如图1-1所示。这个模型是对生涯意识的总结，是对个体生涯发展的主动提醒，也是对"生涯"这一概念进行扩展的尝试。全景生涯观从五个维度阐述"生涯意识"。

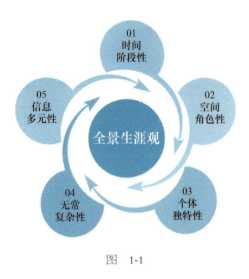

图 1-1

1. 时间阶段性

我们每个人的生涯可以划分出不同阶段,这些阶段各有特点,也分别有各自的阶段重点,各有需要我们在这个阶段完成的任务。一个人进入职场之后,在一个职业中,从最开始的适应学习期,到后来的快速发展期,逐渐进入稳定收获期,有人还会经历职业的调整转型期。如果放眼一生,从角色变化来看,进入学校之前是一个阶段,这个阶段的角色比较单一,只是一个孩子。在学校学习阶段,就成了一个需要关注学业的学生。进入职场、组建家庭、生儿育女,等等,这个阶段的任务变得更加多元,每过几年就会出现新的重心。直到退休,到父母离世,又在减少角色。在每个阶段,角色的变化都是一个表现,背后的生涯任务,才是我们需要关注的。

2. 空间角色性

随着人生展开，我们的角色增加又减少。而我们往往无意识地背负着角色，被动地承担着角色的责任、义务和权利。当我们有意识地关注角色的时候，就会发现，角色往往与空间密切相连。进入学校，我们就是学生；回到家庭，就是孩子，是家人；到了职场，就是职业人。在更为细分场景中，我们的角色也是在不断变化的，比如公司内开会，和大家是同事。进入领导办公室，就是下属。给自己的团队布置任务，又是领导。会见客户的时候，还会分出来甲方与乙方。一个生涯成熟度高的人，一定是角色弹性强的人，也就是善于在不同场景中进行切换的人。

3. 个体独特性

不管是关注能力、性格，还是考察兴趣爱好，我们对于个体的关注，都不应停留在一个测评结果上，而是要关注个体的生涯发展。关注个体发展，就一定要关注个体的独特性。诚然，西方心理学已经对各个维度的人格研究得非常深入了，比如性格特质、兴趣类型。但是，具体到每个人的时候，这些维度终究还是一种参考。我们一定会在这些"科学的"维度划分之外，看到具体化的独特性，而这些独特性，才是最值得我们珍视的地方。当我们不再功利地一定要把个体独特性放在社会交换的价值维度时，就会善待出现的一些可能。而这一点，在一个人成长早期，至关重要。个体独特性，也应该是生涯教育关注的重点。

4. 无常复杂性

人们总容易将无常与命运的种种意外联系起来，而在这个时代，我们还将会遇到种种不确定性，它们不是计划出来的，好多都不可预测。具有主动的生涯意识，我们就需要学会控制种种不确定性，把握确定性，同时要学会面对无常。拥抱偶然，是一种态度；创造偶然，是一种路径。面对无常，是一种心境；理解无常，是一种智慧。

5. 信息多元性

我们处于前所未有的信息时代，人们所面对的信息量，可能超过之前人类的总和。不管是否有意识，我们都注定与信息为伍——收集信息、处理信息、加工信息、使用信息。那么，与信息打交道，就应成为我们的一节重要的生涯课。而且，是一门在现实中发展出来能力的实践课。

随着生涯概念的扩大，各个领域的很多理论都可以和"生涯"相关。不管是哪种理论，我们已经可以从"过程""发展""调整""动态"这些词语中找到理论的导向，教育者们要摒弃掉既有的不适合时代发展和社会现实的理论观点，哪怕这些观点还能带来一些可怜的"安全感"。我不仅要找到那些适合发展的生涯理论，而且要给这些理论找到用武之地，并且从本土化实践中，生发出更适合现实的、灵活而充满弹性的生涯观点。这是时代要求的必然，也是生涯教育者的责任。

第三节 大赛规格设置：酝酿一场变革

2023年开始的这次职规大赛之所以是"首届"全国大学生职业规划大赛，是因为这是由教育部主办的首届大赛，虽然在十年前也有类似的大赛，但这次大赛的举办规格更高。由此，足见教育部门对于职规大赛的重视，对于生涯教育的重视。从大赛的设置中，我们要前瞻性地看到大赛所预示的趋势与机遇。

一、从"竞技体育"到"全民体育"的转变

谈到"大赛"，人们总会想到"竞争"。从赛制设置上看，也确实如此，大赛分为三级：校赛、省赛、国赛，参赛选手是需要经过层层选拔的。然而，人们还应注意到的是，大赛的目的是：以赛促学，以赛促教，以赛促就。这就指明了一个**大赛发展的方向：从"竞技体育"转变为"全民体育"**。

大赛如果只是"竞技"的，就会努力从学生中选择那些有潜力的，易于展示的少数，然后进行辅导、选拔、参赛。这样的大赛，看重的必然是最终的"优秀度"。然而，当大赛关注到了过程的调整，关注到了成长，这就需要参赛选手呈现出成长的故事，甚至是从并不高的起点发展起来的故事，从迷茫状态中调整的故事。虽然最终一定要看选手的呈现能力、表达能力，但是成长故事本身是不容易复制的，这就需要有一个成长过程作为基础。生涯教育就是要在这个基础上发挥作用。

"全民体育"的方式，要求教育者们将生涯意识渗透到教学中，真正改变教育方式，改变学生们的状态，让学生发生改变，有所成长。做到这一点并不容易，虽然各个院校早都已经开设生涯教育课，有专门负责就业的部门。但是，开设与时俱进的生涯课，通过各类活动让学生真正发生改变，这还需要一个系统化的调整过程。特别是生涯教师的再培训，势在必行。

二、对于就业问题的关注：校企之间的深度对接

一直以来，各个院校的生涯规划课程特别关注"就业问题"，特别是近些年，大学毕业生数量增加，而就业岗位相对不足，就业问题就成了各个大学关注的重点问题。然而，一方面大学毕业

生数量庞大，另一方面，一些企业和用人单位却总在发愁招不到合适的人才。这样的矛盾由来已久。

出现这样的人才供需矛盾，是因为大学的教育与人才培养出了问题吗？是我们的学科设置与社会需求不匹配吗？如果只是根据用人单位的要求来培养人才，且不说调整的难度，那样调整下来，大学岂不就变成了职业学校？这些问题都是令人头疼的矛盾。

其实，大学的学科设置和专业培训自成体系，既要兼顾社会的需要，又要考虑学科的知识体系，还要考虑到大学生后续的发展。不应该，也做不到只是考虑直接对口的就业职位。但是，大学需要培养学生一种重要的能力：求职能力。**求职能力，才是真正实现校企之间对接的桥梁。**

掌握了求职能力的大学生，可以自主地探索相关职业信息，可以根据自己的发展方向进行规划，提升能力，做好准备。大学毕业之后，不管学生是直接就业，还是继续读研，这些能力都可以发挥作用。这些才是生涯教育需要关注的方面，也是深入解决就业问题的关键点：授人以渔。让学生们理解职业世界的运行规则，知道如何才能实现自己的目标，而不是简单地照猫画虎，学习一些简历书写和面试技能。

三、大学生涯教育研究方向的深化

职规大赛全面开展的同时，一定会出现大量教育的空白，以及研究的空白。这些空白领域看似都是难点，但是，这些空白也都是值得大学教师们深入研究的方向。

这其中有一类研究主题，显而易见地摆在了教育者面前：如何全面提升大学生的综合素养以应对将来职业的要求。这个主题至少包含对以下三个方面的深入研究。

（1）在考虑到学科差异的前提下，将来的职业世界有没有一些可以遵循的统一要求？具体表现是什么？

（2）职业世界的要求与大学阶段的连接是什么？有什么相关性和延续性？

（3）可以如何通过创造性的教育活动提升学生的综合素养，以应对未来发展？这些综合素养的成果该如何呈现？

从目前的生涯教育来看，这些方面似乎都有涉猎，但又不深入。有些教师经常以"深居学校没有接触过职场"为由，不敢或不愿涉足相关领域，学校的一些生涯课程也都是请外部教师或者职场人士来讲。但是，我们有没有想过，如果教师都做不到对职业世界有深入的探索和了解，我们的学生又怎能主动地发展出相应的能力呢？最后的结果只能是被推进职场，然后接受社会的洗礼，开始迷茫焦虑。就像是从没有学过游泳技能的人，突然就被扔进大海一样。

所以，这些方面是难点，是空白，也是值得深入研究的地方。在职场上，有这样的规律：做难而正确的事情，才能出成果，才能有成就，才会有价值。同样，在大学生涯教育中，当时代发展推动至此，当国家层面关注至此，这对于教育者来说，就是一个重要的契机：研究的契机，出成果的契机。

第二章

以赛促教：
大学生涯教育的核心任务与教育主题

职业规划大赛有一个重要目的：以赛促教。大赛既是深入开展生涯教育的由头，又是生涯教育结果的呈现，还是促进生涯教育开展的一种形式。同时，生涯教育既是关注学生成长和发展的方法，又是呈现学生发展的过程，还是教育理念全面开展实施的内容。**以赛促学、以赛促就的核心在于以赛促教**。只有大学生涯教育做到位了，学生才能学得好，最后的就业状况才会好。

第一节 大学生涯教育的两个核心任务

如果把生涯教育定位为"求职训练"或者"职业教育",那就**矮化了生涯教育**。因为生涯教育不能以大学生毕业时的出口作为生涯教育的全部内容,找工作固然重要,但是大学生涯教育更应该关注大学阶段每一个学生的成长与发展。

如果把生涯教育的内容固化为三部分的"套路":认知自我、认识世界、寻找目标,那就**僵化了生涯教育**。因为大学生尚处于一个持续探索世界、不断突破自我的阶段,绝不应早早锁定一个谋生的职业,以求得安心。生涯教育是要帮助学生看到更多可能性,打开了解世界的窗口,用探索与成长的心态来面对未来。

那么,大学的生涯教育该怎么做?这首先需要从大学生涯教育的核心任务来看。

谈到大学的生涯教育,就必须回答一个问题:为什么要上大学?虽然每个人都可能有不同的答案,但基本上会有这么几个方向：通过求学，提高综合素养；通过求学，获得将来可以独立的能力与本事；通过求学，拿到获得社会认可的证明。这些都是非常直接的目的。然而，除此之外，如果用更长远的生涯眼光来看，这些目的又可以被赋予更深的含义：**大学期间的所学所获将为未来的人生发展打下一个重要的基础，将对人生产生重要影响**。如果用生涯视角来看，大学阶段本身就是值得珍视的生涯阶段。

大学生涯教育有两个核心任务。

一、如何度过大学四年，是大学生涯教育的一个核心任务

在我们的生涯发展过程中，**大学阶段之所以重要，有两个原因：一个是因为这个阶段正处于角色转型期；另一个就是这个阶段正处于重要的资源积累期**。

在上大学之前，多数孩子还没有实现独立。虽然生理特征已经成年，体力、智力也都成熟，但是心理状态没有经过一个"自负其责"的转变。

进入大学了，至少有两个权利相对独立了。一个是**经济支配**

权。大学生有了可以自由支配的生活费，虽然这笔费用主要是由父母承担，但是大学生已经有了生活费的支配权。另一个是**时间管理权**。虽然还是需要按照课表上课，学校也有确定的规矩，但是毕竟不再像上中学的时候那样，日程表安排得那么紧张，学生有了自由选择课程的权利，有了自由安排课余时间的权利，也有了安排课外生活内容的权利。

经济支配权和时间管理权是相对独立的表现，也是大学生进行角色转型的特征。从此以后，一个人的生涯角色会越来越独立。就像一个人突然拥有一笔财富一样，该怎么使用这笔财富，就是一个重要的问题。对于大学生来说，如何支配自己的时间、金钱、精力、注意力，也是大学生必须面对的问题。而且，在这个过程中，重要的还不是让大学生们掌握一个确定正确的标准模板，而是要提升他们独立的能力。毕竟，在毕业之后，他们要面临的又一次角色转型，就是实现完全独立的角色转型了。

独立，意味着开始自己决策，意味着为自己的行为负责，不仅为当下负责，还要为将来负责。这就必然要求大学生迅速提升：长远的生涯发展意识，规划目标的能力，达成目标、调整目标的能力。**角色转型与资源积累是同一个阶段的两种表达，进行角色转型的同时，就是在做资源积累。**

有些大学生的状态呈现为：迷茫。甚至有人在离开大学，进入职场之后依然迷茫。解决迷茫问题的关键，不在于指出一条"明路"，因为任何明路都很难持续兼顾趋势、发展、适合、认可等多维度。解决迷茫就要让一个人积累足够的资源，发展出相应的能力，实现真正的独立，也就不迷茫了。

所以大学生涯教育的第一个核心任务，就是帮助学生过好大学生活。特别需要关注以下几个方面的能力。

1. 自我管理能力

一个独立的人需要管理的不仅仅是自己的时间，还有精力、注意力、身体健康状况、卫生状况，以及宿舍之类的空间等。有些人在成长过程中已经慢慢培养了这样的能力，有些人还处于处处被包办的状况。但是一旦开始独立，这些能力必须培养出来。

2. 适应环境的能力

独立的人需要独立地进入不同环境，包括一些陌生环境。新教室、新场馆、新宿舍、新校园，随着新角色和新任务的出现，我们必须进入一些新环境，如果不能尽快适应新环境，就会不自主地退缩回去，就实现不了独立。

3. 人际交往与沟通能力

独立的人一定要自己处理与社会交往的界面。最开始可能只是面临和同学、老师、宿舍舍友交往，慢慢地，可能还要和社团的同学、活动中结交的朋友、毕业的学长、企业和社会的师长等交往，所以，沟通与交往能力也是大学生在逐渐独立的过程中需要培养的。

4. 探索能力

如果说，上大学之前的很多事都是已经"被安排"好了的话，那么，随着身份的独立，很多事就需要独立地、探索着完成了。人生没有写好的说明书，也没有一份可以照做的标准答案，很多事都需要探索着来。其中，包括对感兴趣的事情的探索，对发展方向的探索，对未知领域的探索。可以说，如果没有较强的探索能力，一个人始终无法真正独立。

5. 目标实现的规划能力

探索与规划，方向与目标，是密不可分的。作为一个逐渐独立的人，最重要的一个表现，就是需要为结果独立负责。每一个节点的达成都是探索的结果，每一个方向的取舍和确认，也都是因为目标的规划与实现。把探索、规划、实现、调整，放在一起，也就是一个人不断积累自己内在资源的过程了。

如果略过大学阶段直接看向毕业后的就业，那不是"有眼光的规划"，而是"短视的功利主义"。因为直奔就业的大学生活规划,其实是没有看到大学阶段在整个生涯发展过程中的重要意义。如果只是把大学阶段作为毕业后实现就业的手段,那个不是目标明确,而是功利盲目。因为他们没有看到,在面对未来的不确定时,只有把握最确定的内在成长,才是明智的选择。

二、拥有一个可期的未来,是大学生涯教育的另一个核心任务

关注大学阶段的生活,并不是不需要考虑毕业后的职业能力培养。恰恰相反,我们不仅要培养可以独立面对未来的能力,还要充分考虑到面对未来的种种不确定时,该如何面对。我们不能因为在最开始锚定了一个具体目标,在面对变化的时候就开始手足无措了,而是要发展出更长远的眼光、更敏锐的洞察力、更笃定的判断力,以及对未来的无限探索力和卓有成效的执行力。这样,我们才能看到充满希望的更多可能性。

让大学生拥有一个可期的未来,是大学生涯教育中的重要任务。要想实现这一点,需要关注以下几个方面的能力。

1. 更长远的眼光

更长远的眼光,就是看到将来要走入的职业世界,并找到

可以发挥价值的机会。这一点对于一个正在进行角色过渡的大学生来说，至关重要。他们要从原来书本中的世界走进一个人际关系、交往方式、运转方式都完全不同的世界，就需要了解这个世界的基本规律，并知道如何通过自己的劳动创造价值。这是一种适应，也将开启未来的生活。将来要做工程师的人，需要知道工程师都在做什么；学金融的人，需要了解一些金融机构的工作状况；做设计的人，要明白设计出来的主要作品是什么。只有做到对未来职业世界有所了解，才会慢慢找到自己的位置。

2. 更敏锐的洞察力

更敏锐的洞察力，就是认识自己的起点，并制订一个可以拿到成果的成长规划。认识自己的起点，包括认识到自己的知识结构，目前的能力状况，可能的潜力优势，以及可能得不到他人认可的劣势或缺点。并通过专业学习、社会实践、工作实习、广泛阅读、参加活动等多种方式获得成长。然后，洞察自己在不同活动中收获的是什么，有了什么提升，通过什么成果展示出来这样的提升。进而得到一种成长的自信，有了这样的自信，未来才值得期待。

3. 更笃定的判断力

更笃定的判断力，就是认识到生涯发展的基本规律，对未来发展的种种可能有所预判和评估。不管大学生如何准备，总有更多的不确定性发生，也总会有超出他们能力范围的困难出现。对于年轻人来说，拥有面对未来的勇气和敢于冒险的豪情，是天然的优势。在此基础上，如果对于生涯发展的一般规律有所了解，并能在出现困难的时候，陷入低谷的时候，遇到各种不如意的时候，预见到这只是一般规律的现实呈现，并能从不同侧面看到更为积极的一面，他们的勇气和豪情就会得到更好的发挥。

4．对未来的无限探索力

对未来的无限探索力，就是找到未来的大方向，拥有一个值得奋斗的大目标。职业规划绝不是确定一个终生从事的职业，这样的"规划"在三十年前或许行得通，而现在，人们不仅会换工作单位，还会换职业、换行业、换城市。但是如果梳理一个人跌宕起伏的生涯发展，对一个不断调整工作的人叩问内心，你总会发现在这些调整变化之中，有一条主线，隐藏着很难变化的追求。如果一个人能早早地发现这样的追求，那么不管他的具体目标怎么调整，都是在为实现人生这条主线的价值意义而奋斗。如果一个大学生能够早早地找到这样的方向，所有的目标实现都会成为他们通往未来的积累。

5．卓有成效的执行力

卓有成效的执行力，就是善于将未来方向落到具体目标上，

并通过行动拿到成果。执行力从来不是莽撞的行动力,而是对于自我的情绪、状态管理的能力,是在明确目标时的计划制订能力,是在遇到困难时的问题解决能力,是在涉及合作时的协作能力,是对各类资源的整合能力,是最后成果的呈现能力。这样的能力需要学习,更需要历练。只有给平时的社会实践、工作实习赋予了成长和发展的意义,那些实习与实践的活动才会成为成本和代价都很小的真实练习场,也才会更有价值。

有了以上这些方面的准备,大学生就会信心满满,充满期待地面向未来了。培养这些能力,才是生涯教育的核心任务。

第二节 大学生涯教育的三个主题

在两个核心任务之下,**大学生涯教育要关注以下三个主题:适应、发展、转型**。从内容开展上,这三个主题就像抓手:围绕主题开展生涯教育,就会更加容易完成生涯教育的核心任务。从时间展开上,这三个主题也与大学的不同年级阶段有一定对应关系:**在不同的年级阶段,可以对应开展不同主题的生涯教育活动**。从具体形式上,大学生涯教育者可以考虑,通过团体的课程和活动,结合个体咨询和辅导的方式,综合地开展生涯教育。

以下分别对三个主题展开讲述。

一、适应:适应大学生活

对于初入大学的大一学生,生涯教育如果上来就是了解职业世界,恐怕会为时过早,如果要他们了解自我呢?又常常因为缺乏探索的经验而缺少值得分析的素材。这时候的生涯教育千万急不得,不可急着上各种理论工具,也不可急着关注未来,此时最需要做的事情,就是关注当下的阶段,帮助大学生顺利适应大学生活,实现角色过渡。

在大学里,已经有了帮助学生适应入学的各种设置,比如军训、迎新、社团招新、各类会议、辅导员谈话、各类信息资料的发放等。从生涯教育的角度看,不仅可以把这些资源进行整合,让资源发挥更大作用,而且还会产生对于未来的深远影响。

适应大学生活,是生涯教育要关注的重要主题。而大学生的适应,是由这个阶段的特点决定的。在这个阶段,一个刚刚进入成年的学生,要实现从一个不独立的状态转变到至少半独立的状态,所需要面对的适应课题,不仅仅是对于学校环境的适应,更重要的是在这个过程中成长出来的对于新角色的适应。有些学生可能适应得很快,十天半个月就会感觉特别好。而有些学生可能上完了一年级,都很难适应大学的学习和生活节奏。有些学生甚至因为不适应大学生活,放弃了努力,学习、生活状态一团糟。可以说,是否快速适应大学生活,不仅决定了大学四年的成长与发展,而且直接决定了未来的起点。

在生涯教育中帮助学生适应大学生活,有两个关注点:一个是帮助大学生了解"大学是个什么地方";另一个是帮助大学生明白"大学生活应该怎么过"。

1. 熟悉大学环境的教学设计

大学是个什么地方？ 这个问题对于未进入大学的孩子来说，充满好奇。可是对于久在高校学习、工作、生活的老师和学长来说，却习以为常。我们常见的情况是：给新生提供了很多资源信息，学生们却熟视无睹。遇到事情，依然不会处理，遇到问题，还是要找辅导员。这其实就是适应阶段的典型问题：熟悉了自己以前的圈子，在新的生活状态不能很好适应，于是，就选择了逃避，回缩到之前的状态。

适应一个新环境，适应一种新角色，一定需要用到"学习能力"。如果新大学生不愿学习，不敢学习，那么，老师们给到的资源就形同虚设。这个问题解决的关键，在于激发和推动新大学生主动了解环境。那就可以换一种方式：任务完成式。**以探索闯关类的任务清单方式，把学生们可能遇到的困难摆在明面上，写在任务清单上，让他们组团分头完成。** 比如，设置以下任务让大一新生来完成：

绘出校园简易地图，把学、玩、食、用的关键信息画出来；
在图书馆办理借书手续，借出 5 本专业书籍；
给所有食堂分项打分，完成一份校园美食攻略；
了解学校的娱乐休闲场馆的活动设置与分布情况，完成一份娱乐时光推荐表；

了解学校社团分布情况，访谈社团达人，完成一组校园英雄榜的海报制作……

根据需要，这样的任务可以列出很多。其实，校园中，相关信息资源并不少。对于新生来说，完成这样的任务，新奇而有趣，不仅熟悉了环境，还提升了能力，加强了同学之间的连接。

2. 规划大学生活的教学设计

适应大学生活的另外一个关注点更为深入：**帮助大学生明白"大学生活应该怎么过"**。在进入大学之前，孩子们都心怀憧憬。一旦进入大学，有些人可能因为适应不了学习和生活的节奏而开始迷茫；有些人可能因为找不到方向而开始迷茫；还有人可能因为忽然少了外在推动，自己又缺乏内在驱动而开始迷茫。所以，搞清楚大学生活怎么过，是大一新生逐渐独立的必修课。

大一的时候就可以设置以"大学怎么过"为主题，以"访谈调研"为形式的生涯课。让学生们知道，大学期间的规划是对每个人来说都很重要的问题，而有些学长在这方面做得很好，有些老师在这方面有很多经验，向他们访谈调研，就是获取经验的高效方式。与其自己摸索，不如向别人学习。以往，大学中也经常有一些讲座、座谈，会启发大学生开阔眼界，也会引发他们的兴趣，激发动力。这些都是重要的资源，要启发大学生们意识到资源的价值。

这样的生涯课程可以设置为一系列的课程，通过一个主题有节奏地展开，让学生学会规划自己的大学生活。

系列课程的开始，需要为访谈做准备：确定方向，找到访谈对象，连接预约，准备访谈问题。可以安排学生们以小组为单位进行访谈，相同的访谈话题或者同一被访谈人的同学可以结成一个小组。小组一起做准备，一起进行访谈，一起进行访谈后总结。然后，在后续的生涯课上，分组进行展示，老师可以从他们展示的信息中选取一些关键话题，让学生们进行讨论。最后，老师再针对学生们的讨论进行升华总结。相信有了这样的过程，学生们对于大学该怎么过都会有了自己的打算，甚至会由此对未来有了更多的规划。

围绕"大学是个什么地方"和"大学应该怎么过"这两个主题，当学生们慢慢适应了大学生活之后，你会发现在这个过程中，至少培养和训练了他们的这些能力：因为不断了解新环境而发展的适应能力；因为需要不断了解新的信息而提升的探索能力；因为需要和不同人打交道、做访谈、问信息而发展的沟通交往能力；因为设计访谈问卷和了解背景信息而发展的调查能力；因为协作完成任务和组织团队推动计划而提升的合作能力；还有计划能力、执行力等。

在适应大学生活的这个主题抓手下，生涯教育的视角不仅解决了当下的问题，还看向未来，用发展的视角支持学生们获得发展。

> **案例**
>
> 有一个旅游管理专业的大三学生，小王。最初填报旅游管理专业的时候，就是因为已经有了多年的旅游经验，热爱旅行，在旅行过程中感受到了自然之美和文化历史的深邃，并且乐于与人交流，从中也获得不少启发。
>
> 上了大学之后，他先是了解了专业课的设置，并且对各科内容有了大致了解。主动与学长学姐进行交流，了解学科内容和具体要求。在学习具体课程的时候，他结合自己的旅行经历，对专业知识产生了更多好奇。他积极主动地向任课老师请教，有创意地规划旅游线路，设计特色旅游项目。通过专业知识的学习，提升了自己的专业素养。
>
> 与此同时，在学习的过程中，小王开始瞄准旅游行业从业者的职业要求，对自己的能力提升进行规划。不仅计划考下导游证这样的职业资质，还计划通过实习来分类提升自己的软硬实力。比如软实力中的沟通交际能力、理解表达能力、创新能

力。硬实力中的语言能力、文字写作能力、软件运用能力、信息收集能力等。并且通过访谈和实习，小王还给每种能力在现实工作中找到了应用场景，也设定了自己需要达到的标准。

作为一个大三学生，他能对自己做出如此清晰的成长规划，主要是源于进入大学时快速而顺利的适应。当他切换到了可以独立为自己的成长和发展负责的角色时，他的规划就显得特别主动了。

二、发展：发展出面对未来的能力

1. 首先搞清楚大学生发展的方向

在适应了大学生活之后，大学生们就一定会全力投入到日常的学习生活了。此时，他们需要面对的一个重要课题是：**如何在大学期间发展出来自信地面对未来的能力**。这个课题是大学阶段的主旋律，然而，人们对于"未来"往往缺乏思考，或者说，想不明白的时候，就不再考虑了。但是"未来如何发展"这个问题一直存在，于是，人们就按照惯例，习惯性地关注这么几件事：学业、职业资质、工作招录机会。

对于学生来说，学业固然重要。但是，对于大学生来说，从面向未来的发展来看，关注学业，不应该成为发展的全部内容。然而，对于很多人来说，关注学业更多是出于一种惯例：人们会认为，作为学生，一定要好好学习，考得好成绩，拿到奖学金。这一点固然重要，然而，很多人并没有搞清楚目前所学与未来发展之间的关系，也没有注意到大学生的社会角色已经发生了变化，他们不再只是一个"不闻窗外事"的学生了。实质上，更多人是因为搞不清需要为未来做些什么准备，干脆就不管了，只能抓看得到的考试成绩了。然后自欺欺人地麻痹自己：只要考试成绩好，就有好未来。

同样地，这也是人们为什么关注各类职业资质和工作招录机会的原因。只要是本专业的相关资质，那就逢证必考，比如，英语四六级，以及司法、财务、金融、人力资源、心理咨询等领域的证书，有些大学生甚至跨学科地拿到了很多证书。对于工作招录机会，更是一定要抓。职业招聘、公开招录、考公、考研，一次都不落。有些人由此成了"考霸"，有些人为此内卷得身心俱疲，然而，即便如此，依然挡不住进入职场之后的迷茫。有些人甚至因为拿到了别人拿不到的机会，却不喜欢，又不舍得放弃，就会更加纠结，从而陷入更大的迷茫。看上去，因为总是能够过关斩将，表现出色，却并没有为未来做好该做的准备。

这些大学生的"内卷"，根本原因是因为<u>没有搞清楚真正要努力的方向</u>，<u>错误地争取一些确定性</u>，这只能让迷茫增加。"有方向地"发展能力,正是大学生涯教育的一个重心。为此,很多生涯教育课的老师在课堂上带着学生做了很多的自我探索,但往往效果并不理想。如果探索的方法不对,可能还会起到负面作用。比如运用一些心理测量的方式得出一些标签式结论,这种急于获得确定性的做法,只能在获得并不真实的确定性之后转而因质疑而迷茫。这些自我探索不奏效的主要原因在于,搞错了探索的目的。探索,本应是为了得到目前对自我的认识,进而开始下一步行动。但是因为我们的大学生普遍缺乏学科学习之外的经验,所以,他们也很难通过一些探索活动得出对自己的认识,更不要说一些迫选型的心理测量了,基于没有经历、没有感受之上的结论,一定是错误的。

2. 确认发展方向时的注意点

在大学期间发展出面对未来的能力,首先就是要搞清楚未来的方向。在确认方向的过程中,有两点需要特别注意。

第一,搞清楚未来方向的过程,并不是迫不及待地找到一个未来的"起点",而是培养出重要的探索能力。大学阶段,本来就是人生中一个重要的探索期,不仅不能绕过去,而且应该认真对待。在这个过程中,得出一个结论很重要,但是更为重要的是,培养出"探索的能力"。

在探索过程中,想法在与现实碰撞,擦出火花,不断沉淀和确认之后，未来的方向才会逐渐清晰。**探索未来方向的时候，需要做三件事：打开视野；深入探索；沉淀分析。**打开视野，不仅要出去看未来职场，还要多接触各类人群，比如同学、社团朋友、学长等，以及参与各类社会实践活动。在打开视野的过程中，发现一些可能会让自己感兴趣的事情，进而开始深入探索。在深入探索的过程中，需要了解不同领域的不同职业情况，了解职业进入门槛，了解优秀表现的标准，了解职业的价值与缺点等。当一个大学生打开了探索的渠道，知道了探索的方法，就会得到深刻的信息。进而可以进行有针对性的比较、分析、求证、筛选，自然也就会有自己的选项。

第二，<u>即便探索出了方向，这个方向也不是以后就绝不更改、绝不调整的</u>。在大学期间，要探索的是方向，却不一定是一个要终生从事的职业目标。有些学生在职业规划大赛中，不仅确定了一个未来十年要发展的职业目标，还制订了一个不断上升的职位层级，一看就是一个连他们自己都不会相信的"规划"。大学阶段的探索非常有价值，不仅在过程中培养了探索能力，而且探索出的方向本身就是一次生涯探索的积累。即便将来的目标会做调整，前期的积累也绝不会浪费。

大学期间探索出的方向，或许比较明确，特别是在一些理工科类的领域，比如建筑设计、计算机软件；或许比较模糊，特别是在一些不易确定的专业领域，比如人力资源、法律、媒体。但是只要在工作方式、行业领域、工作对象等任何一个大方向上确定了，就可以考虑开始深入进去了。此时，不必担心是否"选错"，因为随着发展的深入，之前的选择都是在为之后的选择做准备。比如，我就是要做与人打交道的工作，我就想做传播类的工作，我特别喜欢和数据打交道。那么就可以在这个大致方向上寻找一个自己能够得着的目标，然后制订一个发展计划了。不必担心这样的计划将来要做调整，因为随着自己的能力提升、视野开阔，调整是必然的。但是在这个过程中，沉淀下来的能力和各类资源，并没有白费。

大学生在毕业之后必将面临一个全新而模糊的未来，我们无法左右这样的局面，但是有一点是可以通过生涯教育发展出来的，那就是学生们面对未来时的状态。如果想让学生们有面对未来的自信状态，就一定要把"探索"当成大学生涯教育的重要主题。探索未来的方向，并且为这个方向做准备，这个过程中培养出的探索能力，以及准备出的相关通用能力、专业能力，利用环境和资源的能力，都会让学生们在面对未来时更有信心。

面对未来时，真正的信心不是比较出来的，因为大学时的比较对象只是同学，一旦进入未来职场，比较的对象马上就变为年龄不等的同事。真正的信心源于内在能力的增加，源于探索过程中一次次的突破自我，源于不断了解未来时得到的过来人的经验传授，源于实践中提前预演的各类挫折。而这些，正是生涯教育的重要意义。

> **案例**
>
> 罗同学是新材料与化工学院制药工程专业的一名学生。他自信、阳光、热爱生活。他热爱运动，并从中获得了自信和快乐。他在科研和实验研究方面吃苦耐劳，对制药行业的研发工作抱有极大的兴趣，希望在该领域内发展新药物，以造福社会。
>
> 在大学期间，罗同学通过参与大学生研究训练计划，积极学习专业课知识，为将来投身制药行业打下了坚实的基础。他还规划了大学四年的学习和实习计划，包括在企业进行生产实习，提前了解就业信息。
>
> 了解到未来的就业压力和激烈的竞争环境后，罗同学调整了自己的职业目标，但依然保持了积极的态度和对制药行业的热爱。他计划先从制药管理工作开始，积极参与生产研发，持续积累，在毕业后的十年或更长时间内，真正开始创新药物、研发新药，造福社会。
>
> 罗同学通过制订详细的职业规划和执行计划，不断优化自己的职业发展路径，以应对各种挑战。他坚信，通过自己的努力和规划，能够在制药行业中取得成功，并实现个人价值。

三、转型：转型为职场人的角色

有了前面两个阶段，生涯教育才真正进入到了为毕业之后的就业做准备的阶段了。这个阶段不宜过早，一般在大学的最后一年开始为宜。每个阶段都有重心，提前开始，不仅没有让前面阶段充分发挥作用，完成该做的事情，而且也一定会直接影响接下来的阶段。

1. 角色意识的转变

在为就业做准备的阶段，一定要注意的是：**完成一次角色转型，转型为职场人的角色**。有人在大四的时候，忙着准备简历，不断参加面试和各类招考。但是，如果角色转型这个问题没有解决，这些忙碌很可能低效甚至无效。本质上，只有转变了角色定位——从学生到职场人，才能用职场人思维看职场，才能用职场逻辑求职，求职活动才会更有效果。转型职业角色，也正是生涯教育要重点关注的。

虽然一个大学生在大学阶段已经开始了经济相对独立、时间相对自由的生活状态，但是，这样的"半独立"状态与"完全独立"的职场人相比,还有着明显的差别,特别是在角色意识上,至少在以下几个方面需要转变思维。

第一,在职场人眼中,**不再有标准答案**。没有谁能告诉你这件事怎么做是最好的,一切都需要不断摸索,根据反馈,不断调整。这一点是学生思维中最不容易改变的,因为习惯了考试中的标准答案,也总是期待做事有标准,可是现实中,很多场景都是模糊的,有些事甚至领导和有经验的老手也不见得可以有把握地预测最后结果。这时候,就需要你为自己的预判负责,需要快速调整,还需要高效的行动力。

第二,职场人不能被动等待,而是需要主动行动。作为学生,社会系统对这个角色的要求非常简单:学习好,生活好,符合社会习俗的基本要求,就没有太大问题。所以,作为学生,不需要和社会界面有太多互动,也不需要主动争取什么。但是职场人不一样,如果只是停留在别人给定的"规范",那就很容易把自己限制在一个狭小的发展空间里。职场人需要主动,主动争取机会,主动迎接挑战,主动学习成长,主动连接关系,主动征询反馈,主动自我调整。只有主动,职场人才能获得发展。

第三,职场人不能再单打独斗,而是要关注合作。对于一个学生来说,在学习的过程中,不管各类因素有多么重要——老师的因素、学校的因素、学习资料的因素——最后还是要落到个人的努力上，才能获得好的学习成绩，才能获得认可。但是对于职场中工作成果的最后判定，一定要依赖一个团队，毕竟大家都是分工协作的。即便某些技术职位主要是看个人的技术水平，但是一个人最终能否体现出更大价值，也要看这个人处于什么项目团队之中，也要看这个团队创造的价值，或者这个企业的发展情况，乃至一个行业的发展趋势。所以，关注团队，看到系统，是一个学生进入职场的时候，必须调整的职场思维。

第四，职场人需要为自己负责，需要为结果负责，需要建立成果意识。为自己负责，很容易理解，没有家庭的依靠，没有师长的教导和督促，每个职场人都需要考虑的是如何通过自己的努力拿到结果。进入职场，就要学会把学校和职场分开，把老师的照顾和老板的要求分开，把慈善和职业化分开。每个职场人都需要为最终结果负责，过程是给自己看的，结果才是拿给老板和客户的。如果没有搞清楚这一点，就会在很多环节浪费时间，也会少做很多必要的工作。

以上这些职场思维是一般学生不具备的，有些人甚至在进入职场很多年后都没有转变过来，职业发展也会因此陷入停滞。所以，这些思维意识最好就在离开大学进入职场之前建立起来。在大学期间如果没有那么多机会让学生们去实践，去碰壁，那就不妨尝试通过一些案例分析的方式让学生通过讨论获得一些基本概念，或者通过学长的故事分享获得一些感性的感受，再或者通过实习之后的定期复盘来提升职场意识。

2. 求职时必须关注的两个问题

转变了思维意识，再用这样的意识去求职，就会有完全不同的效果。在求职之前，需要关注以下这两个问题。

第一，我的优势是什么？如何展示出来？职场人思维就不再只是从自己的角度来考虑，把一些不知有用没用的证书、成绩列举在简历里，千篇一律地呈现给招聘方，而是开始关注用人单位的隐形需求、本质需求。然后，通过调查，了解满足这些需求可以呈现的成果。最后，再把自己的优势和满足这些需求的成果结合起来，呈现出来。这样的求职方式，一定会获得更大的成功率。

第二，将来的发展规划是怎样的？为什么这么规划？这是一个招聘方在面试中经常会提问的问题。招聘方之所以关注这个问题，并不是想了解你打算在一家单位工作多久，也不是想知道如何配合你的成长方案。而是通过这个问题来了解你的职业素养：往往对自己的发展有着清晰而落地的规划的人，容易干出成绩，就值得录用，值得培养。而稀里糊涂、大而无当、没有概念的人，就很容易随波逐流，迷茫焦虑，不仅不能出成绩，稳定性也必然会差。那些清晰而落地的规划，一定是在最后一年的大量实习、实践、访谈、调研、分析请教中获得的，这也是最后一年生涯教育的重点所在。

由此，转型为职场人角色，是大学和职场之间两个重要生涯阶段的交接。在前两个生涯教育任务完成的前提下，成功转型职场人的角色，就是开启了一个人生新起点，也实现大学生涯教育的完美落幕。

案例

李同学是一个热情开朗的女孩，毕业于化学工程专业。她对未来充满憧憬，希望能在化学领域找到一份理想的工作。然而，求职之路并非一帆风顺。

大四的时候，李同学开始积极投递简历，参加各种招聘会。但随着时间的推移，她发现尽管自己成绩优异，却鲜有面试机会。偶尔得到的面试也因为缺乏实际工作经验而未能成功。经历了连续的失败后，李同学开始怀疑自己的能力。她感到沮丧，甚至考虑放弃寻找专业对口的工作，转而寻找其他行业的职位。

在一次偶然的机会中，李同学参加了一个职业规划讲座。讲师提到，求职不仅是展示自己的专业技能，更是展示个人潜力和学习能力的过程。这番话启发了她，她开始重新审视自己，决定提升自己的职业技能。

李同学开始提升视野,学习行业相关的最新知识和技能。她还积极参与行业交流会,扩大了自己的人脉,了解行业动态。在朋友的推荐下,李同学获得了一家知名化工企业的实习机会。在实习期间,她不仅积累了宝贵的工作经验,还通过实际项目锻炼了自己的问题解决能力。她的努力和进步得到了公司的认可。

实习结束后,李同学凭借在实习期间的出色表现,获得了公司的正式工作邀请。她的故事在校园内传开,成了鼓舞其他同学的典范。

李同学的成功不仅仅是因为她找到了一份工作,更重要的是她在求职过程中学会了自我反思和成长。她的经历告诉我们,面对失败不可怕,重要的是如何从失败中吸取教训,转变思维,提升自己,最终实现目标。

第三章

以赛促学：
赢得成长赛道的三个核心

职规大赛中设置的成长赛道，有明确的评审标准，四大类指标，各有不同分值，见表 3-1。

然而，这个标准却并不是那么"清楚"：职业目标怎么才算是与国家需要、经济社会发展结合了？如何把职业目标与个人价值观、能力优势、兴趣特点匹配上？成长行动与专业学习的关系是怎样的？阶段性成果又该如何体现？成长成果与目标的契合度是要匹配一致吗？那又该如何体现变化和调整？

表 3-1

指　　标	说　　明	分　　值
职业目标	1. 职业目标体现积极正向的价值追求，能够将个人理想与国家需要、经济社会发展相结合。 2. 职业目标匹配个人价值观、能力优势、兴趣特点。 3. 准确认识目标职业在专业知识、通用素质、就业能力等方面的要求，科学分析个人现实情况与目标要求的差距，制定合理可行的计划。	20
行动成果	1. 成长行动符合目标职业在通用素质、就业能力、职业道德等方面的要求。 2. 成长行动对弥补个人不足的针对性较强。 3. 能够将专业知识应用于成长实践，提高通用素质和就业能力。 4. 成长行动内容丰富，取得阶段性成果。	40
目标契合度	1. 行动成果与职业目标的契合程度。 2. 总结成长行动中存在的不足和原因，对成长计划进行自我评估和动态调整。	30
实习意向	现场获得用人单位发放实习意向情况。	10

（摘自《教育部关于举办首届全国大学生职业规划大赛的通知》中成长赛道评审标准）

这些问题并没有也不应有直接的答案，因为这恰恰是生涯教育要考虑的问题。我们需要做的是：从生涯教育的整体视角，自上而下地来看职规大赛的成长赛道，这样才能对其标准进行解读，而不是逐字逐句地拆解，那样更容易造成误读。职规大赛是生涯教育的风向标，把握了生涯教育的本质，就理解了评审标准的核心。

职业目标、行动成果、目标契合度，成长赛道的这三项评审标准，也正是我们要关注的，对于发展中的大学生的生涯教育的三个核心。

第一节 职业目标：从何而来

一、几种确定职业目标方法的局限

谈到职业目标，经常会有这么几种确定目标的方式。

1. 专业确定法

专业确定法，就是根据专业确定职业。学的是什么专业，将来就做什么职业，以往本专业的毕业生就业方向就是在校大学生的就业选项。

可是，这样的方法不可避免地会遇到一个问题：如果在学习过程中，发现不喜欢这个专业怎么办？难道因为曾经的一个不慎选择，就必须要用几十年的职业生涯买单吗？更有甚者，有些人在选择之后，还没有开始学习，就开始后悔选错了。所以，每年总会看到入学的学生中有人想要换专业。更不要说在大学期间发现了在学的专业并非自己想要的职业方向，即便进入职场，也经常有人会在几十年的职业生涯中调整几次。所以，**专业确定法只**

适合那些喜欢这个专业的学生。

2. 内外评估交集法

内外评估交集法，就是对一个人的各种人格类型进行评估，比如兴趣、性格、能力、价值观之类的维度，或量化测评，或质性评估，得出一个结论。再对相关的领域、专业、职业进行分类。寻找个人特质类型与相关职业的匹配项，从里面选择一个"看似"不错的选项作为未来方向。

这样的方法看似"科学"，实则却有荒唐暗藏其中。先说对人的评估，前面已经多次提到，建立在迫选测评之上的结果，其实受测者并不一定有相关的体验和表现。这样的话，除了得出一个标签外，并无意义。这一点已经被越来越多的专家学者，包括心理学专家所诟病。而外部世界中的那些职业选项，对于未曾涉世的大学生来说，也多不了解，只能凭着职业名称和自己的想象来选择。这样得出的交集，基本不具备操作性，多数人即便得出了一个选项，也都不敢尝试。所以，这样的方法虽然被很多学校采用，看似"科学"、逻辑合理，但实质上，如果只用这一个方法，那简直就是一个实验室里的游戏。

3. 综合探索法

如果结合前面两种方法，再加上探索，就会更加有效，符合实际。这样的方法也并不新鲜，不管是专业方向，还是探索出来的结果，都列出来，然后开始进行职业访谈和实践实习。在这个过程中，通过自己的体验，不断筛选和确定出一个大概方向，根据这个方向，继续探索。到了毕业的时候，最后的选择，往往也是根据可能的选项来结合各方情况做出最后判断。此时的判断往往会受到社会环境、家庭成员、重要他人、理想抱负、生存状况等各方面的影响。

这样的综合探索法是一种常用方法，只是，问题在于：每个人的资源不同，获得的信息不同，最后的选项也不同，于是我们就搞不清楚职业目标到底是怎么选择的。就好似一直处于被动之中，被命运之手操控着，有些学生甚至会怨天尤人，灰心失望。

所以，在确定职业目标之前，我们务必要搞清楚一个问题：职业目标从何而来的？只有搞清楚了来龙去脉，我们才有可能在"因"上下功夫，打通目标来源的渠道，至于后面的结果选择，往往就是需要每个人根据自己的价值观进行取舍了。

二、职业目标的三个来源

在我看来，职业目标来自三个方面：热爱、资源、机会。

1. 热爱

以往，人们在探索职业方向的时候，很愿意使用霍兰德理论中的职业兴趣模型，因为那六个方向非常确定，简简单单的划分，看似也很有道理。所以，即便人们开始抛弃了匹配论和还原论，也不愿完全扔掉霍兰德理论。在我看来，完全没有必要丢掉霍兰德理论中有价值的部分，而是应该恰到好处地将其运用起来。

霍兰德理论中最有价值的部分，就是六个类型的分类，只是，我们要知道的是，**这六种类型对应的不应再是人格分类，而应该对应到工作内容中去**。注意，是对应到工作内容中，不是对应"职业"的类型。因为，在现在的职业世界中，没有哪一个职业是单一的工作类型，甚至在某一个职业中，单一类型的工作内容比例超过百分之五十都很难。同时，对于大学生来说，他们接触职业世界的经历尚浅，决不能用霍兰德类型来贴标签，即便是用几种类型综合起来定型，也是不可取的。所以，**这六种工作类型的最大价值，就是用来开眼界的**。

说到兴趣的时候，人们其实会有很多种理解，比如有人就会认为兴趣就是吃喝玩乐，但那其实只是欲望。还有人会认为兴趣就是一些业余爱好，这就和职业很难连接起来。在我看来，把"兴趣"放在职业目标上，本来就是一个词汇错用的场景。因为，兴趣意味着好奇，意味着愿意靠近、愿意参与的内在驱动力，对于职业来说,兴趣充其量只能在探索阶段发挥作用。与其纠结如何描述表达,不如直接换一个词:热爱。

热爱,源于热情,或者源于兴趣。最开始,只是好奇,只是感兴趣,只是愿意参与。但是在参与之后,还愿意继续投入其中,付出时间和精力,希望做出成就,这才成了热爱。热爱这个词,在中文语境中很容易理解。大家都知道,一般的简单喜欢,不能称之为热爱。浅尝辄止,遇到困难或挫折就打退堂鼓,也不能称之为热爱。所以,把热爱和职业联结在一起,就特别恰当了。

职业方向从热爱中来,那么,热爱从哪里来?这就是关于热爱的一个核心问题了:探索并巩固热爱。**探索热爱,需要广泛尝试和体验,并且需要进行有方向性的探索**。比如,霍兰德的六种类型就是一种探索的方向,可以通过解读各个类型的工作内容,然后根据直观感觉来选择进一步探索的具体方向。再比如,前面讲到的专业出路的各类选项,也可以作为探索的方向。还有,见过的牛人,读过的传记,社会上的榜样,都可以成为探索热情的一种通道。

探索之后,需要巩固。也就是说,**在表面喜欢之后,需要花一段时间,通过深度参与来巩固热爱**。当然,最后的结果,可能是更加热爱,也可能是放弃了这一方向。但是得出结论的前提,一定是深度参与，并且做出一些成绩，否则根本不能获得准确的判断。就像小孩子参加兴趣班一样，如果玩两天就放弃，那始终不能学会任何技能，也自然不会产生热爱。

人们常说的，要做自己喜欢的工作，这样才会幸福。其实，指的就是做自己热爱的工作。但是，热爱并不是凭空产生的，也不是绝无缺点。热爱需要探索，需要经历磨难，克服困难，在获得成就感的那一刻，才会体会到自己是否真正热爱。

大学阶段之所以重要，就是因为这个阶段是走进职场前的最后一段时光，大学生的身份让探索变得天经地义，让失败变成了经验与财富，越早探索出来热爱越好，一旦进入职场，再去探索热爱，将会付出更大的成本和代价，也必将冒更大的风险。

案例

王同学是一名金融学专业的学生。在大学的第一年，他对未来的职业方向并不明确。然而，在参加学校组织的职业规划讲座后，王同学开始思考自己的兴趣所在。他发现自己对金融市场分析和风险管理有着浓厚的兴趣，这不仅与他的专业相关，也符合他自身对挑战和创新的追求。

为了深入了解这一领域，王同学加入了学院的金融研究社团。在社团中，他参与了多个金融市场模拟交易和风险管理案例分析项目。这些实践经验不仅增强了他的专业知识，也让他对金融行业有了更深刻的认识。

在大二时，王同学得知学校将举办一年一度的职业规划大赛。他决定参加，希望通过比赛进一步明确自己的职业目标，并锻炼自己的职业规划能力。在准备过程中，王同学深入分析了金融行业的发展趋势和就业前景，制订了详细的职业发展计划。

在职业规划大赛中，王同学凭借其对金融市场的深刻理解和精心制订的职业规划，赢得了评委和观众的一致好评。他在比赛中获得了优异的成绩，并被邀请在学校的职业发展论坛上分享自己的经验。

大学生在探索自己的热爱时，应该勇于尝试，积极参与实践活动，通过实践来检验和深化自己的兴趣。同时，职业规划大赛等活动可以为学生提供一个展示自己、锻炼能力的平台，帮助他们更好地规划未来的职业发展。

2. 资源

能够拥有热爱的职业是一种特别理想的选择。但是，我们不可忽视的问题是，如果找不到热爱的职业方向怎么办？如果发现了可能热爱的工作，但是需要冒特别大的风险怎么办？如果探索了热爱的方向，却一时不具备条件怎么办？现实在提醒我们，职业目标还有另外一种来源：资源。

人们总是觉得有些职业的选择是迫于无奈的，是不得已的，比如，因为学了医学，就只能做医生；学了计算机科学，就只能做工程师。其实，这些选择都是基于现有的资源做出的。只是，对于一些人来说，不喜欢的专业被视为束缚和限制，而没有被看成是当下的起点。

我们要用这样的眼光来看待资源：当下拥有的，就是资源。**不管是否喜欢，它们都不是我们热爱的反面，而是通往梦想的资粮，也是自己可以倚重的基础**。这是我们对资源的认识。同时，我们要追求更理想的生活，就需要在现有资源的基础上，积累更多的资源。这是我们要采取的行动。从资源出发看职业目标，目标就不再是一个终极理想，而是下一站。

让我们看看身边都有些什么资源吧。

自身的资源。一个人的知识、经验、天赋，都是重要的资源。那么，在决定职业目标的时候，就可以考虑，在这些内在资源中，是否藏着未来的职业方向。比如，曾经参加过的实践活动，曾经获得的一些奖励，曾经读过的一些书，或者在某个领域的实习经验等。还有一类自身资源是过后就会消失的：学生身份。作为学生，这个身份也是资源，因为很多老师、专家和业内资深人士,更愿意帮助一个尚未进入职场的学生,因而会有更多的实习机会出现,为探索职场带来了便利。

人脉资源。对于大学生来说,人脉资源不一定都是家族关系,或者基于利益交换和绑定的关系。同学、学长、校友、同乡、社团的同学,相同爱好的圈子,这些都是人脉资源。对于大学生来说,人脉资源最大的价值,不是带来直接的利益价值,不是交易,而是机会和可能性。校友不经意的谈话,社团同学的分享,同学的一次聚会,都可能会涉及各类信息,也就会带来新的可能性。

环境资源。人们总会忽视离自己最近的资源,比如自己所学的专业,即便不喜欢,但是这样的专业也绝非孤立存在,这正是通往社会职场的一个窗口。再比如学校,一所大学往往有图书馆,有各类院系,有各种选修课、各种讲座。有些大学生往往没有注意,或者说不珍惜这些资源。殊不知在大学里轻而易举可以得到的资源,将来进入社会,可能就要花更大的成本。在每一个大学生身边的环境中,都藏着远未探索且挖掘明白的资源。在这些资源中,或许也就藏着热爱,藏着机会。

在没有找到热爱方向的情况下,一个大学生完全可以从以上这些资源出发,找到一个起点,先做起来再说。这不仅是行动力的体现,而且是一个现实的理想主义者的选择。只有开始行动了，才能积累更多的资源，为自己争取更多的选项。

案例

周同学来自一个商业世家，从小就对企业管理和人际交往表现出浓厚的兴趣。她对人力资源管理的各个方面——招聘、培训、员工关系等，都有着想深入探索的欲望。

在大学期间，周同学积极参与学校职业发展中心的活动，担任学生组织的领导职务，锻炼自己的组织和领导能力。同时，她还利用家庭资源，在北京的多家企业进行实习，接触实际的人力资源管理工作，积累了宝贵的实战经验。

周同学充分利用北京丰富的商业资源，参与各种商业论坛和人力资源研讨会，拓宽了人脉，了解了行业的最新动态。她还参与了学校与企业合作的人力资源项目，通过实际操作，深化了对理论知识的理解。

在大学三年级时，周同学开始为自己的未来做职业规划。她决定将人力资源管理作为自己的职业发展方向，并设定了成为企业高级人力资源管理师的长期目标。

毕业后，周同学凭借大学期间积累的丰富经验和专业知识，成功地在一家跨国公司找到了人力资源管理师的职位。她不仅在招聘和培训方面展现出卓越的能力，还通过优化员工关系管理，提升了公司的团队凝聚力。

几年后，周同学因其在人力资源管理领域的杰出表现，获得了行业内的认可和奖励。

3. 机会

机会，是职业目标的另外一个来源。这里的机会，不是投机的机会，不是赌一个未来。这里的机会，是一种必然的未来，是一种确定性。面对机会，有人勇于奔赴，有人不敢投入，有人疑惑纠结。这其中的区别就在于每个人心里都在衡量着自己的投入与可能获得价值之间的关系。

机会有两类，一类是趋势，一类是职业价值。职规大赛中说到的国家需要、经济社会发展，指的就是这两类机会。

先说趋势。我们不必追求那种可有可无、扑朔迷离的趋势，就只是那些确定的趋势，就有足够多的机会，有值得发展的职业方向。比如，目前看来，人工智能、新能源、生物医药、新媒体……这些都是备受各类政策、投资圈、科技圈、人力市场看好的方向。而且，已经有大量的新兴企业崛起，其中也必然有各种各样的工作机会。

有一种趋势，指的是已经到来，尚未到达巅峰的发展状态。

这样的趋势，值得作为职业发展方向进行探索。除了科技发展的趋势，还有消费市场的趋势，城市发展的趋势。人们追求的服务、体验，是消费市场的趋势。国家的政策导向、发展形势，也预示着城市发展的趋势。这些趋势都不难从各类时事新闻中看到，各类平台和渠道也都能提供这些信息。一个用心关注社会的大学生，必然可以找到属于自己的机会。

再说另一类机会——职业价值。这里需要理解职业的本质。职业的存在，来自社会的需求。任何一种工作能成为职业，一定有其自己的社会价值。由此，我们可以知道，并非只有做公益，支边支教，才算是有家国情怀。**当我们认真地投入到一份职业中，创造出职业价值的时候，就是在为国家服务，为社会做贡献**。只是，很多大学生并不知道职业的价值，他们关注的还只是一个职业能给从业者个人带来的功利性价值，比如收入怎样，是否稳定，有没有发展空间等，而疏于对职业本质的理解。

如果关注到了职业的存在能给社会带来的价值，就会更加明白为什么要选择一份职业了，也就会更容易判断一份职业的发展趋势。比如，新媒体发展起来了，人工智能发展了，是不是写作就没有价值了呢？是不是传统意义的记者就没有价值了呢？当人们意识到记者这一职业的价值，在于发现社会问题，在于创作有感情的文字，就会知道，即便没有纸媒，也一样需要记者，即便不看纸媒，也依然需要文字创作。

当每个人都在期盼机会的时候,如果期待的是一个不劳而获的机会,或者搭上顺风火箭的机会,那可能就是在赌博。但是如果看到了趋势,看到了职业价值,那么机会俯拾即是。

案例

陈同学来自河南一个农村家庭,刚入大学时,对未来的职业发展并没有明确的规划。他选择了安全工程专业,这个专业在当时并不是热门选择,但他对保障人们生活和工作安全的重要性有着深刻的认识。

随着国家对安全生产的重视程度不断提升,安全工程专业逐渐成为国家重点发展的方向之一。陈同学意识到,自己的专业与国家的发展需求高度契合,这为他的职业发展提供了广阔的空间。

陈同学开始积极参加学校组织的安全工程相关讲座和研讨会,不断拓宽自己的专业知识。他还加入了学院的安全研究小组,参与了多个安全风险评估和事故预防的研究项目。

在大三时,陈同学通过学校的就业指导中心,获得了在一家大型化工企业的安全管理部门实习的机会。在实习期间,他不仅学习到了安全管理的实际操作方法,还参与了企业安全事故的应急处理,这些经历极大地提升了他的专业能力。

> 在大四时，陈同学开始为自己的未来做职业规划。他决定将安全生产管理作为自己的职业发展方向，并设定了成为企业安全总监的长期目标。
>
> 毕业后，陈同学凭借大学期间积累的丰富经验和专业知识，成功地在一家国有企业找到了安全管理的职位。他在工作中提出了多项安全生产改进措施，有效提升了企业的安全水平，得到了领导和同事的高度评价。

热爱、资源和机会，是职业目标的三个来源。但是，最终目标的确定，却不是三者的交集，而是可能来自任何一个因素。

碰巧有自己热爱的方向，这个方向就可能成为职业发展方向；在盘点资源的过程中，认准了职业方向，这也可能值得持续追寻；如果被某个机会打动，发展出职业方向也说不定。更多的可能是，一个方向同时具备其中两三个因素，也可能这些因素目前都不具备，在最后的纠结中，某一个突发因素推了一把，你最终确定了方向。没有一个绝对的算法，来决定三者之间的影响比例，最终一定是三者之间偶然作用的必然结果。

我们需要知道的是，这是职业目标的三个来源，更是教育者指导大学生着力发展的方向。对于大学生来说，很难一次就确定终生的职业目标，却可以做出符合当下的决策：准备在哪个方向上发展，那就在这个大方向上选择一个确定的目标，努力实现它。然后,再继续下一个目标。不断实现目标的过程,既是积累能力、资源的过程,也是不断探索、调整的过程。不能因为多年后的职业目标变化了,就否定了之前的努力。恰恰相反,正是因为之前不断实现目标的努力,才可以看到不断接近内心的方向。

第二节　成长行动：如何设计

在职规大赛成长赛道的评审标准中，行动成果所占分值最高，由此体现出成长赛道对于"成长"的关注。我们都知道，生涯教育要关注学生的成长，并且要通过成果展示出来。可关键是，如何设计成长计划？又该通过怎样的成果来展示成长呢？

从学生们的一些成长计划来看，他们认为，各类专业学习就是成长，通过各类实践活动也可以获得成长，他们还会把自己的心得体会总结出来，作为成长的收获。或者，有些学生直接瞄准职业要求，提升能力，通过考试拿到各类资质证书，他们也认为是成长。然而，面对这样的计划，我们不免会有疑问：这就是成长了吗？那和制定目标、达成目标，又有什么区别呢？是不是又会陷入那种"规划目标—制订计划—最终展示"的固定化老套路里了？

一、两种类型的"发展"

谈到成长计划,我们必须要搞清楚一个问题:成长的目的是什么?如果说成长计划是为了达成职业目标,那就不是成长计划,而是行动计划。成长计划和行动计划的区分,是关于成长的初始问题。搞清楚成长的目的,是设计成长计划,呈现成长成果的关键。

成长的目的是发展。为了让学生们在认知、思维、能力、经验、优势、知识等各方面有所发展,才需要制订成长计划。然后,再通过发展之后的状态来呈现出成长的成果。发展有两种类型——延续性发展和突破性发展,针对不同类型的发展,可以设计不同的成长计划。

1. 延续性发展

第一种发展,是延续性发展。这一类发展是基于已有起点的发展,是有基础的发展。比如,延续原有在学专业的发展,或者之前已有经验的发展,或者已经有了技能储备的发展。在原有方向上继续发展,就一定要收获两样东西:一样是优势,一样是成果。之前做过、学过，有基础，但是不一定能做出特色来，不一定做出来了成绩，也不一定学得出色。这就需要在发展的过程中，发现自己的优势，巩固自己的优势，并且通过优势取得一定的成果，以证明自己的成长。

延续性发展要关注的成长点有三个：专业度、经验值和可迁移能力。

专业度指的是在某个具体领域里有一定的认知和见识，并形成系统化的知识体系，而且有自己的独立见解。比如，一个学生在人工智能方面的专业度，就体现在可以把针对人工智能的前沿技术和常见应用如数家珍地讲述出来。再比如，一个学生在人力资源管理方面的专业度，就体现在知道在人力资源管理的主要模块中，每个部分的常见规范流程和应用模型。

本来，职场上的专业度也包括实践中的专业度——经验值，但是对于大学生来说，因为参与实践比较少，就需要把经验值单独作为一个维度给予关注。发展出来经验值，是大学生必备的维度，也是有挑战的维度。不管是哪个领域、哪个学科，都需要有经验值，或许是实验能力，或许是调研能力，或许是实操能力，但只有做过，才算是有经验，做得多了才算是积累出经验值了。有了经验值，就可以把之前的专业度落地了，哪怕是再细分的一个领域，大学生经过这两个维度的发展，也算是获得了很大的成长。

如果在延续性发展上，还有更多成长的话，那就是发展出可迁移能力。毕竟，将来做的职业不见得就是大学期间发展起来的领域，而且对于职场人来讲，也需要可以不断迁移的弹性。这就需要大学生在不断学习、成长的过程中，关注与人沟通、快速学习、协同合作等可以迁移到其他领域的能力。

延续性发展的成长方式，是大学中常见的，如专业学习、通识课程学习、专业实践、社会实践、实习、创新创业等。这些也是大学生都会写进职规大赛参赛作品的内容，只是，他们往往不知道为什么要这么写，只是认为这些经历总归是会添彩的，于是就变成了素材的堆砌。却不知在这些成长过程中，他们积累了优势，收获了成果，之前的这些活动也就变成了有机的组合，有目的的设计。

案例

林同学的专业是旅游管理，他对旅游行业充满热情，梦想着能够创立自己的旅游公司，为人们提供独特的旅行体验。在大学期间，他不仅努力学习专业知识，还积极参与各类旅游相关的实践活动，如校园旅游社团、旅游志愿服务等。

林同学充分利用了旅游管理专业的课程资源，学习了旅游市场分析、旅游产品开发、旅游服务管理等课程。同时，他还积极参加学校组织的旅游行业实习，通过实习，他深入了解了旅游行业的运作模式和市场需求。

在大三时，林同学开始筹划自己的创业计划。他结合自己的专业知识和实习经验，制订了一份详细的旅游公司创业计划书。为了实现创业梦想，林同学还组建了一个由志同道合的同学组成的创业团队。

林同学的创业项目是一个在线旅游服务平台，旨在为用户提供个性化的旅游定制服务。他利用互联网技术，整合各类旅游资源，为用户提供一站式的旅游解决方案。在创业过程中，林同学充分发挥了自己的专业优势，运用旅游管理知识解决实际问题。

创业之路并非一帆风顺，林同学和他的团队面临着市场竞争、资金筹集、团队管理等挑战。但他没有气馁，而是积极寻找解决方案。他通过参加创业比赛、申请创业基金、寻求校内外资源支持等方式，为创业项目筹集资金。

经过一年的努力，林同学的在线旅游服务平台正式上线，并迅速吸引了一批忠实用户。他的创业项目在学校的创业孵化器中获得了支持，并得到了风险投资的关注。林同学凭借自己的专业知识和创业精神，成功地将一个创业想法转化为现实。

2. 突破性发展

第二种发展，是**突破性发展**。这一类发展没有延续原有的轨道和路径，而是另起炉灶。有些大学生不喜欢自己的专业，有些大学生之前没有什么积累，还有些大学生不知道将来要做什么。对于那些迷茫的大学生来说，突破性发展，就是他们所需要的。很多人以为发展就只是增长知识和技能，殊不知，还有一种发展是需要开拓出一种新的可能。所以，突破性发展，还有一种探索的意义在其中。

突破性发展，重点就在于找到突破点，然后才能在突破点上发展。没有可以延续的轨迹，那就做一种重新的建构。**突破性发展有三种建构：对过去的建构，对当下的建构，对未来的建构。**

对过去的建构，可以从过去的成就故事中找突破口，从那些获得了成就感的事情中找到自己的热爱或者天赋，那可能就是将来发展的方向。虽然当时阴差阳错地过去了，但是，现在重新找到，没准就是一种可能性。如果有人认为自己的过去非常失败，或者满是挫折，那就从这些失败和挫折中，寻找另外的支线，比如为何历经失败，还会坚持？比如为何历经重重挫折依然没有放弃？等等，这些都是可以发展出来的新方向。

对当下的建构，源于对一些领域的深入理解。找找可能感兴趣的方向，或者非常不喜欢的领域，抑或身边可能接触的资源，然后找到这个领域的专家、在这个领域深耕多年的人，进行深度的访谈——听故事，谈传奇，问疑惑。相信在访谈过程中，你一定会重新塑造自己对一个领域的认知，没准就能发现属于自己的方向。

对未来的建构，就是对于梦想的塑造。如果现在做的事，过去做的事，确实没有自己喜欢的事情，没有想要深入扎根的事情，那么，就展望未来。如果有一个想要实现的梦想，那是什么？如果希望若干年后，可以实现一种理想的自由状态，那会做什么？在对于未来的建构中，可能会解脱对于当下的束缚和限制，摆脱资源不足和视野局限，或许之前不敢讲出的一个想法，也可以成为发展的方向。

突破性发展，需要的是勇气，这种勇气在大学期间需要被鼓励，被支持，一旦进入职场，这样的勇气就更难有发展的空间了，即便有机会，也一定会付出更大的代价。当找到可能的方向时，就迈出了第一步，突破性发展就有了起点，就可以持续发展下去了。

案例

刘同学原本是材料科学与工程专业的学生，但他在大学期间发现自己对音乐制作和音频工程有着浓厚的兴趣。他梦想着能够将音乐与科技相结合，创造出独特的音乐体验。

为了追寻自己的梦想，刘同学开始自学音乐制作和音频工程的相关知识。他利用课余时间阅读了大量的专业书籍，参加了在线课程，并积极向音乐专业的同学和老师请教。

刘同学意识到，要想在音乐制作领域取得突破，仅仅依靠理论知识是不够的，还需要大量的实践机会。于是，他加入了学校的音乐社团，参与了多个音乐制作项目，并在学院的录音室中进行实践。

刘同学将他在材料科学领域的知识与音乐制作相结合，开发出了一种新型的音乐合成器，能够模拟自然界中各种材料的声音。这项创新得到了学校和音乐界的认可，并为他赢得了多个奖项。

现在，刘同学凭借在音乐制作领域的专业知识和实践经验，成功地在一家知名的音乐制作公司找到了工作。他不仅参与了多张专辑的制作，还为电影和游戏制作了原声音乐。

二、成长成果的三种呈现方式

根据以上两种发展来设计成长行动，最后一定要有一个落脚点，这就是成长成果。千万不要把成长成果等同于一堆证书、证明,也不要把成长成果等同于拿到了哪里的"offer",那些虽然也是需要使用的素材,但也是需要加工的素材,关键点就在于:是否围绕着"成长"来看这些素材。这也是成长赛道设置的意义所在:让更多人关注成长。这样就会因此而对未来充满更多期待,而不会简单地绑定在具体的求职考试上。

成长成果的呈现有以下三种方式。

1. 探索的成果:意味着对自我的认知

这是一种看似不是那么"刚性",但是却至关重要的成果。探索的成果,可以通过描述在成长过程中对自己的认识变化来呈现。比如,发现了自己的热爱所在,发现了自己的某种天赋,或者在交往过程中的一些特点,甚至是缺点,以及如何管理自己的这些特点。

只是一定要注意的是,这样的成果来自实践的探索和认真的思考,可不是来自简单的测评,或者道听途说的分类。在描述的时候,最好加上自己的真实事例。

> **案例**
>
> 王同学是市场营销专业的学生,但她对数字媒体和视觉设计产生了浓厚的兴趣。为了更好地了解自己的喜好和潜力,她

> 参加了学校的相关讲座，主动参与了与设计相关的社团活动。
>
> 通过这些活动，王同学发现自己在创意思维和视觉表达方面具有天赋。她决定将这些兴趣与市场营销知识相结合，定位自己未来成为一名专注于数字营销和品牌建设的专业人士。这个自我认识的过程，帮助王同学为自己的职业发展找到了明确的方向。

2. 发展的成果：意味着能力的提升

能力提升是最容易展示的，比如通过一些考试成绩，或者资质证书，这都可以说明自己的能力提升。但是这样的展示，只能描述那些知识性、技能性的成长，却很难描述那些"软实力"的成长，比如组织能力、沟通能力。

这类能力需要通过具体事情、具体项目来描述。值得注意的是，以往，总有学生列举式地描述自己的经历，缺乏和成长成果的连接，这就把作品又变成了"炫富式"呈现，缺乏深度。此时，需要通过具体事例或项目来详细描述自己的成长点，以及成长之后所做事情带来的效果变化。这才能称为真正的成果。

> **案例**
>
> 张同学在大学二年级时加入了学院的学生会。起初，他只

是参与一些基础的组织工作，但很快，他就因为出色的工作表现被选为学生会的活动部部长。在这个职位上，张同学负责策划和执行学院的多项大型活动，如迎新晚会、文化节等。通过这些活动，他的组织能力得到了极大的锻炼和提升。

在策划和执行活动的过程中，张同学需要与不同的团队成员、学院的老师以及校外的赞助商进行沟通协调。他学会了如何有效地表达自己的想法，如何倾听他人的意见，并在此基础上达成共识。此外，张同学还参加了学校辩论队，通过辩论训练，他的沟通和说服技巧得到了进一步的提高。

在大三时，张同学带领团队成功策划并执行了学院的年度文化节。这个项目涉及多个环节，包括活动策划、预算管理、宣传推广、现场执行等。张同学不仅需要协调各个团队的工作，还要与校外的赞助商进行谈判，争取资金和资源支持。通过这个项目，张同学的组织和沟通能力得到了全面的提升。

张同学的这些经历，为他后来在毕业求职时赢得了很多机会。

3. 职业匹配的成果：意味着雇主的认可

还有一类成果显而易见，那就是获得了雇主或者未来雇主的认可。这样的认可往往是因为在实习实践中表现良好，或者给雇主创造了价值。不过,大学生们往往不知道该如何呈现这样的成果。

这需要在两方面进行呈现:一方面,在获得认可的前提下,通过梳理总结,呈现出获得认可的原因,这就是成长的成果;另一方面,还需要把雇主的认可强化出来,比如,需要雇主写出表现证明信,或者是某种荣誉证书,或者是一种机会。这样的强化证明并不易得,但只有这样,才能表现出雇主的真正认可,也才能把成长的成果固化下来,也才可以在未来的发展中派上用场。

> **案例**
>
> 李同学是化学工程专业的学生,他在大学期间不仅学习成绩优异,还积极参与各类科研项目。在一次全国性的化学工程竞赛中,李同学带领团队设计了一种新型的催化剂,该催化剂能有效提高化学反应的效率和选择性。这一成果获得了竞赛的一等奖,并引起了行业内一些企业的关注。
>
> 在大三的暑假,李同学获得了一家知名化工企业的实习机会。在实习期间,他参与了企业的一个关键项目,负责实验室的数据分析和实验设计。李同学凭借扎实的专业知识和出色的工作表现,赢得了项目组同事和领导的一致好评。
>
> 实习结束后,该企业决定向李同学颁发"优秀实习生"奖

> 项，并邀请他毕业后加入公司。企业领导对李同学的评价是："他不仅专业能力强，而且工作态度认真，团队合作精神佳，是一位非常有潜力的年轻人。"
>
> 这些在企业实习的经历和所获奖励，成了李同学毕业求职时最重要的筹码，让他轻而易举地获得了工作机会。

成长成果取决于成长行动，成长行动取决于如何设计。当我们关注了两类发展的时候，就开始关注学生们的真正成长，也就借由两类发展找到了可以锚定成果的抓手。成长，是可见的发展。

第三节 目标契合：如何规划

一、目标契合的意义

职规大赛的评审标准中谈到了目标契合度。说到目标契合，就必须先回答一个问题：什么是生涯规划？

在之前的很多理念里，所谓规划，就是设定一个目标，然后通过行动计划来实现。如果把"目标"作为规划的对象，那么人们又很容易陷入这样的矛盾中：现在这个时代，一切都在发生着变化，技术在快速更新，需求在不断变化，世界经济形势、政治格局的变革也持续影响着普通人的生活。在这样的不确定时代，目标该如何规划？与此同时，在进入社会之前，多数学生缺少探索和体验，也就缺少对自我的认知，随着增加的经历，不断发现了新的可能，不可避免地，目标也需要不断调整，这又该如何规划？

如果把"规划"就设定为要寻找一个目标，然后通过行动实现它，我们就必然会陷入"过时"的窘境。显然，规划不是针对一个具体的不容改变的目标，而是规划出一个值得行动的方向，规划出一个下一步的行动计划，甚至规划出一个必然调整的可能性。从这个角度来说，目标契合度，也不是在不断对齐"最初的目标"，而是意味着寻找下一个起点。

职规大赛中谈到的契合度是动态的：要对行动计划进行评估和动态调整。为什么要进行评估？因为在探索出了一种可能性之后，必然会通过设定一个具体目标来验证这个可能性。同时，通过成长计划，在成长过程中，因为有了新的发展，个人的很多特质和资源也发生了变化，对之前的方向进行评估就成了一种必然。

或许，更加清晰和坚定了之前确定的方向，并且找到了下一步努力的目标；或许发现和之前设想的有所不同，探索出了新的可能，这时就需要再次调整，重新定位。但不管是哪一种调整的可能，只要有调整，就说明在发展、在成长，说明发展和成长的效果在显现：资源增加了，认知增加了，能力提升了，视野打开了。所以，此时的目标契合度，不是一种呆板的对照打钩，而是评估、调整。

在职规大赛的作品中，"目标契合"是通过两个部分来呈现的：做好复盘，制订计划。做复盘，是指向过去，是对过程的评估;制订计划,是指向未来,是对行动的调整。

二、通过复盘调整目标契合度

复盘的时机很重要,每一个阶段的成长行动之后,都需要做一次复盘。也就是说,如果根据热爱、资源、机会,确定了一个方向之后,必然设定出一个确定的目标,然后开始一个行动计划。这个计划有一个阶段性,比如,设定要通过一个阶段的实习了解一个职业情况,实习结束之后,就需要做一次复盘。再比如,设定要通过一个阶段的集训提升某种专业技术能力,那么集训之后,就需要做一次复盘。

复盘的目的,不是总结,这有别于成长阶段的成果梳理,而是比对着之前设定的目标来复盘三项内容。

1. 做得好的地方

在这段成长过程中,一定是参加了一些学习,做过一些实践,参与过一些活动。只要做事了,就会锻炼能力,就能显示优势。那么,由此就可以总结一下:哪些地方做得好?为什么做得好?做得好的地方显示了自己什么优势?

从实践中分析优势,是最为靠谱的方式,远比对着测评凭空想象来得真实。只是此时千万不要给优势设置限制，不要认为只有超过所有人的地方才叫优势，也不要认为一下子体现了专家水平才叫优势。**优势的最初形态就是做得快，能完成**。如果做起来还很开心，就可以有意识地培养这方面的能力，或者发展这方面的技能，或者去找类似的事情来做。从优势中，或许就会发现未来发展的方向，或许就能发展出自己的内在资源。

2. 有待提升的地方

既然有行动，就一定会有负面的反馈，比如遇到挫折了，失败了，效果不好了，受了批评了，这些都非常正常。特别是对于一直在学习书本，从没参与过实践，没有在现实世界中完成工作任务的大学生来说，一直在小圈子里，忽然扩大了交际圈，感到陌生和不适应。这都说明，需要在某些地方有所提升了。

大学生们一定要清楚地知道：有待提升的地方，不是对自己的否定，更不要因此对自己产生攻击。要把挫折当成反馈，找到接下来行动的方向。之所以要注意这一点，是因为很多大学生在成长经历中，被不懂教育的父母、老师反复打击，已经失去了自信，在遇到挫折的时候，不是积极乐观地继续努力，而是否定自己，告诉自己做不到，进而放弃。这样的心智模式，导致他们将来进入职场，也必将会经常纠结，失去发展的机会。

有待提升的地方，正是接下来需要发展的成长点。对于大学生来说，要意识到：自己之前虽然学习了很多知识，但那些知识在将来进入职场之后，不管从事什么职业，能直接使用的几乎没有。即便将来还在自己的专业继续做研究，也需要在大学的专业学习基础上持续学习。然而，从实践中学习，与以往的书本学习方式不同，没有明确的大纲和参考书目，最直接的成长方向，就来自实践过程中的反馈：那些目前做得不好的地方，就是未来需要提升的地方。

3. 学习到的地方

成长的过程，是实践的过程，也是学习的过程。在复盘的时候，至少要在以下几个方面复盘是否有所学习：

是否对自己的认知有所调整？是什么？

你对之前设定的目标怎么看？为什么？

你对于职业、行业有什么新的认识？

你学到了什么新知识？提升了什么新技能？这对你有什么影响？

你结识了哪些新朋友？你从他们身上学到了什么？

在人际交往中，你有什么新的发现？

有什么是你看到之后感到困惑，拿不准的？

你发现哪些是你可以依赖的资源？哪些是你可以学习的渠道？

你还有什么新的发现？

通过这个角度的复盘，不仅让这一次成长有更多收获，而且还会对未来的实践有所启发。

做得好的，有待提升的，学习到的，用三个视角进行复盘，就不仅是在看最终的结果与最初的目标是否一致，而是看通过目标的践行，是否与成长的方向一致。那么，接下来的行动计划，就是把规划向前推进一步，通过设定新目标，获得继续成长。

> **案例**
>
> 赵同学参加了一次由学校组织的模拟商业竞赛，并在竞赛中取得了优异的成绩。赵同学对这次经历的复盘，从做得好的、有待提升的、学习到的三个视角进行分析。
>
> 做得好的：
>
> （1）团队合作。赵同学和她的团队成员之间有着良好的沟通和协作。她作为团队的领导者，有效地协调了团队成员的工作，确保了项目的顺利进行。

（2）专业知识应用。她将自己在市场营销课程中学到的理论知识成功地应用到了商业计划中，这使得她们的商业提案具有创新性和可行性。

（3）演讲技巧。在最终的展示环节，赵同学展现了出色的演讲技巧，清晰地传达了团队的想法，并回答了评委的提问。

有待提升的：

（1）时间管理。虽然团队最终按时完成了任务，但过程中存在时间分配不均的问题，导致在截止日期临近时，团队成员的工作压力增大。

（2）技术工具使用。在制作商业计划书时，赵同学发现自己在某些高级办公软件功能的使用上还不够熟练，这在一定程度上影响了团队的工作效率。

（3）市场调研。她意识到团队在市场调研方面做得不够深入，这限制了商业计划的深度和广度。

学习到的：

（1）领导力。通过这次经历，赵同学学习到了作为领导者如何更好地激励团队成员，以及如何进行有效的决策。

（2）跨学科知识的重要性。她认识到，除了专业知识外，掌握一定的技术工具使用技能和市场调研方法，对商业成功同样重要。

（3）反思与自我提升。赵同学意识到，通过复盘和反思，可以更清晰地看到自己的不足，从而有针对性地进行改进。

三、通过计划制订呈现目标契合度

对于参加成长赛道的大学生而言，在作品呈现的结尾，绝不应该是拿到了一个"offer"，而是开启下一轮的行动。因为成长本就是一个不断循环的过程，所以，在大一要有目标，有成长；大二也要有目标，有成长；大三还要有目标，有成长。

因此，目标契合度的落脚点，应该在接下来的计划上，通过计划展示出来：一直在成长的方向上，一直在规划的方向上。对于计划的制订，要关注以下几个关键点。

1. 下一个目标

首先需要设定一个明确的目标。我们前面讲到方向和目标是有差别的，方向可能是一个大致的愿望或者可能性，而目标就必须要具体，如果不能看到很远的未来，那就把目标设定得近一点、小一点，但是一定要具体。否则，行动计划就不落地，无法真正实现，行动就成了随意的行为。即便做完了，也无法进行复盘反馈，不知道到底收获了什么。

这里的目标，一定是结合前面复盘的情况进行设定的。所以，就会融合了自己的优势，融合了需要提升学习的方向，融合了对自己的更多认知，以及对职业、对未来方向的更多理解。需要注意的是：下一个目标，一定也还带着一种成长的期待——或是探索的期待，或是发展的期待。

2. 期待的成果

成果是对目标的巩固。按说，在制定目标的时候，应该把最终的结果设定出来。但是人们往往在计划之初因为看不到过程的确定性，而不敢轻易设定结果，特别是对于结果的完成水平不敢有太多期待。这就很容易让成长的过程因为缺乏驱动，而减少了价值。比如，准备参加一个比赛，如果不把期待的成果设定在一等奖，就很容易变成——参赛就是参赛。这个过程中肯定也有收获，但远远不如设定了期待成果之后更用心更努力。

所以，在设定完下一个目标之后，一定要思考一下：如果能实现这个目标，如果我可以获得巨大成长，如果过程是非常有价值的，那么，最后的成果应该是怎样的呢？这个成果一定是有所期待的，也一定会因此而证明自己的成长，还会成为成长路上的里程碑。

3. 资源安排

为了达成目标，首先就需要盘点自己的资源。资源不仅仅限于目前已有的，包括时间、精力、金钱，更重要的是分析：为了达成目标，还需要什么资源？通过什么方式可以积累这些资源？比如，需要一些技能，就得花时间专门训练。比如，需要一些机会，就得想办法通过人脉圈、实践等方式来创造。当然，还有一种可能，刚开始的时候，也不知道还需要什么资源才能完成目标，那么，此时最需要的资源就是信息资源——完成一件事的必备要素。

4. 行动安排

把目标拆解之后，分析了资源，也就大致明白为了完成一个目标要做的事情了。这时候，只需要把待做的事情放进时间线里，这样，一个计划就制订好了。只是，如果事情需要做着看，需要依赖前面行为的结果才能决定后续的行动，那就把计划划分为几个阶段，每个阶段再分别设定小目标。

走着看，是大学生们要学会的计划方式。因为大学生们必将面对一个充满不确定的世界，只有走着看，才能在不纠结不犹豫的状态里通过快速行动，以及丰富资源来增加确定性。这也是一个大学生要学会的思维模式。

案例

徐同学是国际经济与贸易专业的学生,大学期间,他的成长和计划是这样的。

第一阶段:基础学习与兴趣探索。

徐同学在大一和大二期间专注于基础课程的学习,同时积极参加各类社团活动和讲座,以探索自己的兴趣所在。他意识到自己对数据分析和商业智能有着浓厚的兴趣,并决定将这一领域作为自己未来的发展方向。

第二阶段:技能提升与实践经验积累。

在大三时,徐同学开始选修与数据分析相关的课程,并自学了相关的编程语言和软件工具。同时,他争取到了在学校数据分析实验室的实习机会,通过参与实际的研究项目,积累了宝贵的实践经验。

第三阶段:专业深化与职业规划。

到了大四,徐同学开始着手准备自己的职业规划。他参加了学校的职业发展工作坊,了解了数据分析领域的就业趋势,并根据自己的兴趣和优势,制订了详细的求职计划。他还利用学校的就业服务,不断完善自己的简历和面试技巧。

> 第四阶段：求职与职业发展。
>
> 毕业后，徐同学凭借扎实的专业知识和实践经验，成功获得了一家知名咨询公司的数据分析师职位。在工作中，他继续深化自己的专业技能，并开始关注行业动态，为自己的职业发展制定新的阶段性目标。
>
> 从徐同学的经历中，我们不难看到，他就是在不断成长的过程中，及时调整自己的方向。在大学期间，徐同学实现了在持续积累资源中完善规划。

把复盘和计划都做完了，一份职规大赛作品也就完成了一个开放的成长过程，也必然实现了目标契合度的审视和迭代。

在准备大赛作品的时候，参赛者要知道的是，在几年的大学生活中，会有很多次这样的成长过程，会是一个接一个循环迭代上升的过程。在参赛作品中，要呈现的是一个大的成长过程，从开始的想法着手，到最近的成长成果结束，中间所有的成长都是过程中的行动和成果。而最后的成长，是对最初目标的呼应，也是继续发展的起点。

第四章

以赛促就：
赢得就业赛道的三个核心

职规大赛中的就业赛道，是为大学高年级学生专门设置的。大学老师对于这个赛道的评审标准，既熟悉又陌生。熟悉的是，这些标准无非是一些职位要求中的通用能力和专业能力，以往辅导学生求职就业，也都会讲到。陌生的是，很多大学老师缺乏学校之外的职业经验，对这些指标的具体要求并不是很清楚。

从评审标准（见表4-1）来看，就业赛道与成长赛道的明显不同是，参赛者必须瞄准具体的职位，否则很难有针对性地展示自己的通用素质与岗位能力。而且在参赛过程中，除了主题陈述外，还有综合面试和天降"offer"环节，这都是具体到了工作场景中进行评价的。虽然受评委背景所限，面试过程中一定会偏重通用素质，但是也一定会就参赛者的职业目标进行提问考核。所以，与其说是参赛，不如说就是在准备一次求职面试。

表 4-1

指标		说 明	分赛道分值				
一级指标	二级指标		产品研发	生产服务	市场营销	通用职能	公共服务
通用素质	职业精神	具有家国情怀，有爱岗敬业、忠诚守信、奋斗奉献精神等	35	35	45	45	45
	心理素质	具备目标岗位所需的意志力、抗压能力等					
	思维能力	具备目标岗位所需的逻辑推理、系统分析和信息处理能力等					
	沟通能力	具备目标岗位所需的语言表达、交流协调能力等					
	执行和领导能力	能够针对工作任务制订计划并实施，具备目标岗位所需的团队领导、协作、激励和执行能力等					

（续）

指标		说　明	分赛道分值				
一级指标	二级指标		产品研发	生产服务	市场营销	通用职能	公共服务
岗位能力	岗位认知程度	全面了解目标行业现状、发展趋势和就业需求，准确把握目标岗位的任职要求、工作流程、工作内容等	20	20	15	15	15
	岗位胜任能力	具备目标岗位所需的专业能力、实习实践经历、解决实际工作问题的能力等	25	25	20	20	20
发展潜力	—	职业目标契合行业发展前景和人才需求	10	10	10	10	10
录用意向	—	现场获得用人单位提供录用意向情况	10	10	10	10	10

（摘自《教育部关于举办首届全国大学生职业规划大赛的通知》中就业赛道评审标准）

从这个角度讲，对于一个进入毕业季的大学生来说，参加这样的比赛并不是一次可有可无的活动，而是一次绝佳的训练机会。有些学生不想参赛，认为在大学的最后一年，有很多事要做，求职、考研、考公。但是，不管任何一种出口，都有面试的设置。**在准备面试的过程中，培养了职业思维，这才是大学生涯教育的重要一课**。只有大学生全体备赛参赛，才能全面提升大学生的职场思维意识，以真正实现职规大赛的目的。至于最后是否得奖，这和任何活动一样，一定会受到诸多因素的影响，也不是参赛者能决定的。

结合就业赛道的比赛内容、参赛资料要求、比赛环节设置和评审标准,我总结出就业赛道要关注的三个核心:求职目标、求职准备、目标匹配。

第一节 求职目标：关注职业探索能力

准备就业赛道，首先应明确将要求职的目标，然后才能有的放矢地去做准备。求职目标至关重要，不仅决定了后续的准备过程，而且对于目标本身的解读，就是在考核一个求职者对于自己未来发展的思考和规划。把大赛最后的呈现暂且搁置一旁，单就确定求职目标这一过程而言，它本身就是对一个人职业探索能力的一次提升和检验之旅。

如何锁定一个职业目标？要考虑三个问题：我为什么想要求取这个职位？这个职业目标的具体情况是怎样的？职业要求是什么？这其实也是关于"为什么""是什么""怎么做"的三个问题。通过这三个问题，可以逐步锁定职业目标。

一、为什么：我为什么想要求取这个职位

对一个职位的探索，是从动机开始的，所有求职者都一定会面对这么一个问题：为什么想要求取这个职位？如果之前从未考虑过，那么，即便日后入职了，也一定不会心安，总会考虑寻找一个连自己都不清楚的"喜欢的职业"。所以，面试官会从各个角度问到这个问题，其实，即便他们不问，大学生也得先问问自己：我所设定的求职目标，真的是我想要的吗？

求职的原因，一般有三个考虑维度。

1. 价值契合

这里的价值还不是企业文化的价值观，也不是求职者希望获得的金钱报酬、发展空间这样的个人价值，而是求职者希望通过一份职业创造和实现的价值。这并非高尚的道德标准，而是直接深入到职业的本质。我们知道，一个职业的价值，正是社会需要一个职业的原因。<u>价值契合，指的就是自己想要创造的价值与职业本身可以创造的价值是契合的。</u>

比如，作为人力资源专员，就是要通过自己的工作，让组织

的相关流程更加顺畅高效，通过"选、用、育、留"等方式提升整体的人力效能。如果一个人想要创造这样的价值，那就是价值契合了。再比如，一个软件测试工程师的工作，就是通过各类测试方法，查找开发的软件中存在的问题，并提出修改建议。如果一个计算机专业毕业的学生想要做的是软件研发，那可能测试的工作就与他想要追求的价值不能契合。

> **案例**
>
> 郭同学是电气工程专业学生，他立志要从事相关领域的科研工作。于是大学期间，他就努力学习，拿到奖学金，并且参加各类竞赛，作为学习委员，策划和专家学者对话的活动，进而开阔眼界。毕业的时候，他放弃保研机会，准备考入理想的专业。

2. 资源匹配

这里的资源匹配，指的是求职者的自身条件符合基本的职业门槛。这往往也是很多人求职的时候都会关注的一个指标：看看自己的条件符合哪个职业的要求？比如一份职业对于年龄、性别、生理状况、学历、专业、资质等各方面都有些什么要求？注意，这里的要求是一个基本的门槛，尚未涉及具体的职业要求，也是一个大学生对某个职业有意向的时候，就一定要提前了解、提前准备的资源。比如，做教师的要求，做律师的要求等。

同时，从另外一方面讲，大学生也可以从自己的资源出发，寻找可以匹配的相关职业。比如，英文不错的学生可以考虑在哪里更受欢迎。比如，一个一直担任学生干部，早早入党的大学生在哪些领域被录用的可能性更大。这些都是从资源匹配的角度来看职业目标的选择。从资源出发，选择职业，是因为相信以自己的资源可以更容易创造价值。

> **案例**
>
> 韩同学是安全工程专业的学生，他曾作为军人服役于海军，也有体育特长，参加过一些竞技比赛。他希望通过降低职业病风险和创造安全的工作环境，为企业带来可持续性发展。结合自己的背景，他选择求职某家国企。

3. 符合梦想愿景

选择职业目标的时候，还有一个考虑的维度：某种工作就是自己的梦想，或者一个职业符合自己的愿景。当然，这里的梦想和愿景，可能是比较远的设想。比如，一个大学生的梦想就是成为一个航空航天科学家，那么进入相关领域工作就是在实现梦想。再比如，一个学生的愿景是保护生态，实现人与自然的和谐共生，那么，就可以寻找环保组织相关的工作，或者加入一些公益组织，或者有关管理部门，或者去做环保领域的研究。

大家要注意到，一个人的愿景和梦想越是清晰明确，可以选择的职业目标就越是多元。因为目标远大，实现的方式和路径就会更多。

> **案例**
>
> 李同学是旅游管理专业的学生，他希望自己在会务产业中成为企业形象和声誉的守夜人，通过市场公关活动的策划与实施监督，为企业创造价值。他做过班长，展现了出色的组织能力和领导力，同时在学术上也取得了优异的成绩。他的实习经历是会务助理，求职目标是会务经理。

不管是价值、资源，还是梦想愿景，任何一方面如果足够契合，都可能有足够的驱动力推动一个人寻找相关职业，进而权衡各方面因素做出最后的选择，锁定一个职业目标。值得注意的是，有些大学生在择业的时候，往往并没有主意，海投简历，感觉待遇差不多的就投，这就是生存导向性。"海投简历，录取就去"的方式很可能会带来隐患，如果在价值、资源、梦想愿景等方面都不契合，即便暂时入职了，可能很快就会发生职业变动。不是说职业变动有问题，而是没有必要的职业变动只能带来更大的转换成本。而这个问题在最开始的时候，是可以规避的：只需要更多地了解职业,就可以有更多的选项。

二、是什么:这个职业目标的具体情况是怎样的

知道了为什么想要求取某个职位以后,为了进一步锁定一个职业,还需要了解的是,这个职业的具体情况是怎样的。选择一个职业,不仅仅是因为大方向一致,只有了解了一个职业的具体情况,才能做出笃定的选择判断,才能进一步聚焦目标,锁定接下来具体职位的选择上。

选择入行法律,同样是为了公平正义,具体选择是做律师还是法律顾问,或者法官、检察官……如果做律师,具体做诉讼律师还是非诉律师,这都需要进一步了解职业的具体情况。同一方向的具体区分,在任何一个领域里都存在,同样的职业,在不同组织里会有不同的工作内容,不同的职位名称,不同的发展路径,不同的薪酬福利。

所以,是否确定要选择一个职位,从求职者对于职业的了解就能分辨出来。这一点在大赛展示的时候,做得好会成为求职亮点,如果做得稀里糊涂,那就和众多求职者没什么差别了。

具体来说,**了解一份职业的情况,一定要了解两方面内容:**

职业的亮点，职业的弊端。

1．职业的亮点

所谓职业的亮点，就是这份职业本身存在和创造的价值，以及能给从业者带来的价值。比如，最直接的价值：收入报酬。再比如，对未来的期待：上升空间。还有一些隐形存在的价值，比如，人际交往的圈子、社会地位、稳定等。这些都是求职者追求的价值，大学生在求职的时候，也自然不用避讳。至于如何才能拿到价值，这需要在后面满足要求的时候考虑。

对职业进行分析的时候，如果只是停留在大家都容易看到的职业表面情况，其实意义不大，甚至会造成误解。只有到了具体的事实上，才能看出一个人对职业是否有了深入了解。比如，有人求职销售，说做销售工作需要见客户，需要应酬，时间比较自由。这就没有抓住职业的关键价值，自由绝不应成为销售工作的价值，因为自由的前提是业绩压力。但是如果说做销售，可以更好发挥自己在沟通方面的优势，这就找到了对自己的价值。

2．职业的弊端

了解一份职业的情况一定要了解其弊端。每种职业都既有吸引人的地方，也有让人不满意的地方。面试官一般也会拿出这些"弊端"来挑战应聘者：你是否可以接受一份职业的"另外一面"。

比如，做程序员，是否可以根据工作需要加班。做售后工程师，是否可以随时响应客户要求。这也都需要大学生在做职业调查的时候搞清楚：一份职业的弊端是什么？我是否可以接受？我会怎么对待？

这里值得注意的是，我们对一份职业的情况调查，不是参考网络上的各类面经，编一套可以对付面试官的冠冕堂皇的说辞，而是发自内心地能够接受一份工作的不同特点。毕竟，这些特点都是将来一定会出现的情况。

只有了解了职业的亮点和弊端，才算把一份职业到底是什么搞明白了。

三、怎么做：职业要求是什么

确定了职业方向，了解了职业情况，这时候就已经可以从自己的意愿度来确定职业选择了。只是，在最终选择的时候，还会受到另外一个方向的制约：是否有足够的能力或条件，匹配这个职业？自己的喜欢只能是单向的，满足要求才能双向匹配，才能实现对职业的锁定。**实现职业匹配的前提，是了解职业要求。**

有人认为，职业要求不是明摆着的吗？任何一个职位招聘信息里，都会明明白白写着具体的职位要求。然而，如果只是对照招聘信息来看职业要求，你一定会发现，一些描述非常模糊，解释空间可以非常大。比如，有较强的沟通能力和组织能力，这怎么衡量？又如何评价呢？还有一些描述，也搞不清楚在说什么，比如，可以设计出有影响力的创意。在招聘信息中，类似的描述不在少数。这该怎么办？

有的大学生将计就计，你说得模糊，我写得也模糊。但是，实际情况是，职业招聘信息里写得模糊，真实的职业要求并不模糊。如果应聘者像是应付考试一样，只求一个答案，稀里糊涂地应对了，那落选就是必然的了。

这就需要深入而细致地了解职业要求，不能泛泛而谈。对于职位要求，大家习惯上将其划分为通用能力和专业能力。在大赛的评审标准中，也说到了通用素质和岗位能力。并且在平时的积累中，大学生们往往也会关注某一个职业的要求，并对应到一些专业能力的呈现上。比如专业课考试成绩，业内相关的职业资质证书等。然后在参加过的一些社会实践、社团活动、学生组织活动中，寻找与沟通、表达、组织等通用能力相关的表现加以说明。这样的方式倒也没有问题，不过，在职场人看来，这样的表现力就很弱：这样的表现，真的可以迁移到职业中吗？

大学生在求职中体现的表现力弱，归根结底，还是差在了对

于职业要求的认知上。因为多数人并不知道那些写出来的条目是基于什么场景，换言之，不知道那样要求的原因。比如，对于人力资源专员岗位的组织协调能力，这样的能力在哪里会用得到的呢？这就需要详细了解人力资源专员的工作内容，知道招聘专员和培训专员还有薪酬专员的工作内容区别，然后在工作内容中挖掘能力表现，才能再次还原到自己经历过的场景。

比如，招聘专员因为负责大型招聘会，在校招的时候，就要对接校方。同时，还要对接企业内的各个用人部门。所以，招聘专员就需要具备比较强的沟通能力，资源整合能力，信息筛选能力等。这些相应的能力在之前的一些学生活动中可能就有出现，如果一个大学生把自己曾经参加过的一次大型活动中的具体表现细节呈现出来，就可能更有说服力。

所以，一个职业的要求，并不是大家看到的职位说明书那么简单，而是一定要细致地分析每一条的详细解读，以及对应的工作场景。这样才能有的放矢地对应呈现出来。

四、锁定求职目标，关注的是职业探索能力

求职过程中，职业目标至关重要，目标不清楚，后面所有的努力都缺乏针对性。在搞清楚职业目标的过程中，特别考验一个

人的职业探索能力，这种能力在锁定职业目标的过程中又细分出以下三种能力。

1. 信息渠道和资源的拓展能力

大学生如何才能详细了解一个职业的具体信息呢？一种是亲身体验，就是实习实践。另一种就是通过访谈，获得间接经验。实习实践不是听话照做地完成一些简单工作，而是认真观察，虚心请教，是了解职业信息的重要方式。而访谈也不仅仅是刻意为之，临时抱佛脚，而是在平时就要有意识地关注，发现有经验的从业者，就要随时开启访谈模式。

2. 职业信息调研能力

不管是访谈还是实习实践，平时都要有一个职业探索清单，并根据已经了解的情况，随时对这份清单进行调整。有了这份清单，对于职业的了解，就不限于了解一下薪酬情况、福利待遇，而是从发挥职业价值的工作内容入手，了解具体职业信息，并会从在不同信息渠道获得的信息中进行区分鉴别，进而形成自己的认识。

3. 对于职业信息进一步处理使用的能力

结合所获得的信息，就会知道哪些是用人单位最为关注的点，哪些是大学生可能欠缺的地方。然后，结合用人单位的要求,设计和规划接下来的实习实践方向,以及最终需要拿到的呈现成果。

关注求职目标,其实也是对大学生信息探索能力的一种训练。

案例

赵同学是建筑学专业的学生,他想成为一名建筑设计师。于是,在暑期通过学长的介绍他进入一家建筑工程设计公司进行实习。实习期间,除了帮助设计师打打下手,完成文档整理,以及做做力所能及的行政工作之外,他还争取机会,参加具体项目的进度会。通过旁听参会,他深入了解了一个建筑项目的具体推进情况。在实习过程中,赵同学热情地帮助设计师们做事,进而获得了更多与设计师们一对一交流的机会。他就趁着这样的机会了解更多与建筑设计领域相关的情况。听从了其中一位前辈的建议,赵同学一到假期,就寻找机会去不同公司实习。几年下来,他对于整个行业有了全面的了解。这些信息在他毕业求职时发挥了很大作用。

第二节 求职准备：关注成事能力

求职是一个过程，这个过程并不是不断投简历、面试，那只是求职的最后一个环节。求职的准备，早早就开始了。而且在最后的环节中，除了提升面试能力，增加面试的机会，提高一定的求职成功率之外，并不会从根本上对一个人的能力水平有本质的提高。所以，求职的过程，在确定了目标之后，就应开始，要有一个针对具体职位的准备过程。

这个准备过程也是对一个大学生的各项成事能力，特别是执行力的训练和检验。我们分三步来看。

一、找出自己目前状况和职业要求之间的差距

这样的差距一般有两类，一类是门槛差距，就是和一个职业的基本要求之间的差距；另外一类是优秀差距，就是距离职业优秀标准的差距。

1. 门槛差距

门槛差距也有两类，一类是和基本要求之间的差距，这类差距往往指的是从事一项职业的必备要求。比如，某种资格证书，某种资质要求，某类考试成绩。如果发现了这样的差距，那就早点动手，尽早拿下，不要逃避，也不要拒绝。既然是必经之路，那么通过努力来弥补这样的差距，就是最低的成本消耗，否则，到关键环节，需要用到这些资质了，再通过别的方式来证明，可能就会难很多。

另一类门槛差距是基于竞争而带来的差距。比如，在某类医院中应聘医生，应聘者一般都是具有相关专业的硕士研究生以上学历，那么这个硕士学位，就成了水涨船高的竞争差距。再比如，某个事业单位的岗位，虽然没有明确要求，但是结合职位要求，应聘者一般都有学生干部的经历背景，这也就成了竞争差距。了解了这样的竞争差距，才可以为接下来的行动做准备。

如果有明确的职业目标，对于门槛差距，无须犹豫，尽快努力。

2. 优秀差距

另外一类是优秀差距，也就是距离这个领域的优秀从业者之间的差距。这也是招聘者会关注的一个维度：什么样的人才可能会在入职之后干出名堂？他们也会对照之前的优秀同事来衡量。一般大学生在这个方面，都是会有差距的。

在优秀差距上，要心存高远，脚踏实地。心存高远，就是指尽量接触并向这个领域的优秀从业者请教学习；脚踏实地，就是在接触的过程中，一定要问：他们为何优秀？这是在做职业分析，也是在学习发展路径。既要了解优秀职场人的优秀品质，还要了解优秀品质是如何体现的，以及在成为优秀职场人的路上，需要提升的能力和面对的挑战。

优秀差距，尽量缩短。至少，更多地了解这些信息，会有利于应对面试中的各种情况。

二、设定为了达成目标，弥补差距的各个节点

为了弥补差距，会有一个提升计划。对大学生来说，求职准备的过程往往发生在毕业前最后一年。时间并不长，而且还要受到各种意外事件的影响。时间紧张，任务繁多，埋头苦干并不是最佳策略。这时候，一定要在计划之内，设定更多的节点。这个节点不仅是时间节点，更重要的是成果节点。也就是说，在某个时间点上，完成了一个阶段的准备之

后，可以拿到什么成果。有了节点的设置，计划不仅有效果，而且还会有效率。

这个成果不是自己以为的成果，而是要获得未来雇主认可的成果。比如，完成在某家企业的三个月实习，这段经历本身不能作为一个成果，而只是经历。一段经历在求职的时候有价值，但是直接价值不大，需要面试官通过询问，进一步了解。如果在实习结束的时候，可以拿到部门的积极认可，拿到一纸真诚的证明，甚至获得部门颁发的一个褒奖，那就是一个重要的成果。

大学生总是习惯于成绩的列举，而不关注招聘方，也就是未来雇主的期待。**未来雇主的期待是：我希望很容易地找到你的特质与职业的匹配之处。**这个匹配的证明就需要应聘者提供。对于大学生来说，这是在求职准备的时候就要考虑到的：瞄准职业目标，瞄准差距，看看我需要设定一些什么节点来弥补差距，来呈现我的匹配度。然后，一个节点一个节点地达成。

三、找出实现路径，展示求职实战能力

这一步最难，根据节点的设定，通过努力，拿到结果。从这个角度来讲，大学生的求职过程，就像是完成一个项目，考察的

也是大学生在完成项目过程中的执行力。

在职规大赛的就业赛道评审中，关注的求职实战能力，就是在这个过程中体现出来的。所以，大学生要做的就是记录下求职过程中自己的探索，经过的努力，克服的困难，以及获得的肯定和认可。

案例

李同学是安全工程专业的学生。大一的时候就积极参与社团活动，并且被同学选为学习委员。李同学通过专业的学习，逐渐对安全生产领域产生了热情，立志成为一名可以为企业可持续发展做出贡献的安全工程师。

李同学特别关注专业学习，并且抓住机会与任课老师和业内专家进行交流。通过交流，并且对照网络上的招聘信息进行分析，他意识到，为了实现自己的职业目标，需要在项目经验和行业的专业认证上做进一步的准备。为此，他为了弥补目标差距制订了一个准备计划，并设定了三个重要的节点：第一个节点是争取到在企业参加实习的机会，获得宝贵的实习经验，并拿到企业的认可；第二个节点是应聘进入一家业内知名的安全咨询公司，进而丰富自己的专业背景；第三个节点是为注册安全工程师的认证考试做准备，通过考试，拿到证书。对他来说，这三条线可以是并行的。目前，他已经获得了实习的资格，求职计划也在不断完善和调整之中。

可以看出来，李同学根据自己的职业目标，已经有计划地展开了准备。这个过程中，展现了他的信息检索能力和求职实战能力。

第四章
以赛促就：赢得就业赛道的三个核心

第三节　目标匹配：关注发展潜力

如果前面的事情都做完了，是不是已经做到了目标匹配了呢？表面上看，确实是对齐了职业要求，有的放矢地进行了准备，并且最后还能用成果来说话。做到这些，确实已经做到了合格的标准，但是，还不足以迅速胜出。

在招聘者那里，有一个决胜开关，只有触发了这个开关，评价的天平才会迅速倾斜。这个开关就是不便明说，但是从业者一旦看到就心知肚明的那种职业能力——发展潜力，这也是优秀职场人身上所体现出来的那种能力。

求职的时候，那些对照职业要求列出的相关资质和经历，都是"硬性"条件。这些条件，其实起到了两个作用：一个作用是基本匹配，也就是迈过了门槛，获得继续考察的资格；另一个作用是这些条件成为进一步考察的素材，招聘者会对之前的那些描述进行深度提问。这时候，风险与机会同在：你会在这些资料的基础上充分展示自己的潜力，还是会证明自己的这些材料其实名不副实？这就需要大学生对这些素材进行深度挖掘的准备工作。

准备时，需要关注以下这些方面。

一、在一份工作中，你实际扮演的角色以及参与的程度

有些大学生在呈现简历的时候，为了让简历好看，把所有沾点边的经历都放进去了。这倒是没有欺骗，却容易给自己挖坑。因为招聘者并不是简单看简历里面列举的事项，而是关注应聘人具备的真本事。这个"真本事"怎么看呢？很简单，就是随便从简历里列举的工作经历中抽取一条，简单问一问具体情况，就都知道了。

如果应聘者真正参与了一件事，那就一定涉及两个关键信息：在这个工作中，实际扮演的角色是什么？以及实际参与的程度怎样？有人好大喜功地把参与的一个大工作，或者一个大活动写进简历，一问具体角色，也就是一个边缘打杂的，那么，这段经历就没什么意义。角色和参与程度，决定了参与者需要承担的责任，也说明了这个人的能力，以及得到的历练。这些具体情况，一问便知，是不可能糊弄过去的。

二、从实习实践经历中学习到的经验

对于未来的职场新人,一种非常重要的潜力,就是学习力。**职场人的学习力,是从经历中学习经验的能力,也是从挫折失败中学习教训的能力**。好的招聘方,是会从应聘者的简历中提取信息进行提问的。因为招聘者就是要了解:一个应聘者会从过去的经历中获得什么。

从实习实践中学习到的东西,也恰恰是在证明自己的能力:之前不会,现在会了;之前不懂,现在懂了。如果学到的东西,恰恰是在未来的工作中需要用到的,那招聘方肯定会特别开心:省的将来培训了。如果能把自己的学习过程分析一下,就会得到另外一个加分项:学习能力很强。

三、在一个挫折失败的经历中获得的成长

在挫折失败中学习,不仅看学习力,还看抗挫力。这也是职场人特别看重的能力:是不是足够皮实?如果一个人能够扛得起

挫折，就证明他有不断成长的内在动力，也有自我控制的情绪管理能力，还有足够明智的长远眼光。所以，分析曾经的挫折与失败经历，是招聘者经常关注的一个方面。

如果大学生说自己没有经历过挫折，那很有可能就会因此缺少了一个可以证明自己潜力的机会。挫折经历并不是丢人的经历，而是证明能力与素质的经历。关键在于：在面对挫折失败时的反应。有些人会认为，一定要哪里跌倒哪里爬起来，要有一次重新胜利的证明。我认为，这倒不必，因为对于大学生来说，类似的经历可能不见得总会出现。但是，从挫折失败中进行分析总结，这是必需的。必须对这段经历进行反思，找到提升点，并且发自内心地认为这是一笔人生财富。这样的挫折，即便非常"失败"，也是有价值的，不仅会被接受，甚至会被看好。

四、从成就和成果中总结出来的优势

在证明自己的职业能力和优势的时候，有些大学生总喜欢寻找一些通用的能力描述方式——具备良好的沟通能力，较强的协调组织能力，不错的团队领导力……这样的描述空洞无力，可以说不仅等同于废话，而且可能会引起反感。大学生需要呈现自己的优势，但是需要注意两点：一个是聚焦优势，一个是用成果来解读优势。

聚焦优势，不要人云亦云地列举优点，把自己描绘成一个"完人"，而是从过去取得的成果中，从那些有过成就感的事情中，寻找自己的优势，并且以非常具体的描述方式呈现出来。对优势的描述，一定不是一个短语，而是一段话，一段有个性特色的描述，比如，不是沟通能力，而是"与人初次见面，就很容易建立信任感"，是"在沟通中，很容易理解对方意图，并进行概括总结，精炼地呈现给对方的能力"。这样的描述一定是藏着过去的经历，这样的描述才会生动和突出。

五、从具体工作场景中看到的发展方向

还有一类特别重要，但又容易忽略的问题：你对未来的规划。对于大学生来说，很容易想到的规划，就是未来几年时间里自己的发展情况。要么就是职位升迁，要么就是能力提升。如果谈职位升迁，很容易陷入一种"自说自话，其实并不懂职场"的境况。如果谈能力提升，又很容易显得"言之无物，空洞乏力"。那该怎么办呢？

谈未来规划，也是一个体现潜力的机会。一定要通过具体场景谈愿景，通过愿景谈发展。也就是说，通过具体的描述来呈现

一种抽象的向往。

具体场景，就是一个与工作相关的具体场景，比如，与优秀的职场前辈交谈的场景；比如，看领域内先进技术展示的场景；比如，听到这家企业描绘未来蓝图的场景。然后把自己融入这些具体场景之中，从这些"标杆、榜样、前景"中，找到自己的位置。这个位置，就是对自己未来的规划。至于具体怎么做，并不需要展开描述，因为这本就不是一个大学生能看到的，而是需要进入职场之后慢慢了解的。所以，招聘方也不会深究，但是看到了个人发展与未来愿景的结合，其实就看到了一个人的热爱，看到了一个人的动力，也会因此产生对这个人职业发展潜力的信任。

以上几个方面都是关于一个人的职业潜力的呈现。如果有相关经历，需要认真分析，如果没有相关经历，也知道需要避开可能犯的错误，毕竟，真诚至关重要。这些都是对于目标匹配的准备。

> **案例**
>
> 阎同学是人工智能专业的学生。他积极参与社团活动，在人工智能设计大赛中是核心成员，负责算法设计，深度参与了整个项目。在一次编程比赛中未能获奖，他却学到了如何在压

力下保持冷静，也知道了继续学习的方向。通过参与多项学科竞赛，阎同学发现自己在解决复杂问题和逻辑推理方面具有显著优势。后来，在互联网公司的实习中，阎同学学习到了更多实际的编程技能，也理解了团队协作的重要性。

通过在人工智能领域的不断学习和实践，阎同学看到了自己未来在技术研究和产品开发等方面的发展方向。

第五章

讲好生涯故事，开创无限可能

从生涯教育到职规大赛，这是一脉相承的"教—学—赛"逻辑。正是因为有了对大学生涯阶段的深刻理解，以及对大学生全面成长的重点关注，才会有大学生们对未来的信心，和对就业的准备，也才会有职规大赛中的出色表现。

职业规划大赛与生涯教育不应该、也不可能割裂开。如果没有生涯教育的基础，不管个别学生多么优秀，职规大赛也不可能呈现出生涯教育的理念和效果。如果职规大赛没有正确思路的引导,生涯教育也很可能偏离本质。

有了生涯教育作为基础,职规大赛就不应该是评比学生的"优秀度",如果是那样的话,就无异于第二次高考了。**职规大赛是对生涯教育效果的观察**——学生对于生涯阶段的理解,以及如何面对遇到的问题、挫折、困难,如何整合资源,如何探索可能性,如何开拓未来,如何认知自我。

从这个角度来说,职规大赛中,每一个参赛选手要呈现的,就不仅仅是把最后的结果列举出来,而是讲过程,讲收获,讲成长,讲未来。**从本质上讲,职规大赛就是在讲故事**——用生涯视角讲故事,讲生涯发展的故事,讲生涯教育成果的故事。

注意,这里的讲故事,不是编造或杜撰一个故事,而是有结构、有侧重、加入生涯视角、关注生涯主题地描述成长过程,呈现成长成果。是以讲故事的方式,引起听众对于成长过程的关注。从另外一个视角来看,讲好生涯故事,是对生涯教育的逆向推动,推动生涯教育关注生涯视角之下的成长过程。

讲故事是有方法的。塑造一条主线,围绕主线收集必要元素,以及透过故事传递核心价值,这是讲好生涯故事的三个重要方面。

第一节 塑造主线

一个好的生涯故事需要有一条主线,这条主线也是整个故事要围绕的主题,是故事的灵魂。这条主线不是凭空产生的,而是有意挖掘的。只有具备了生涯意识,才能发现这条主线。那么,在大学生涯教育中,有哪些生涯意识是需要特别关注的呢?

一、大学生涯教育中需要特别关注的生涯意识

1. 生涯发展的意识

要想具备生涯发展的意识,就需要对人生的不同阶段有认识,包括对于角色转变的意识、阶段重心的认识、生涯阶段任务的认识。对于大学生来说,就是要意识到他们所处的阶段——从对家庭的依赖逐渐走向独立的过程。在这个过程中,他们会逐渐享受到经济的独立、时间的自由。与此同时,也需要为自己的决策负责,为自己的未来负责。这种负责就体现在,需要尽快提升

自我管理的能力，获得专业的知识与技能，以及与各类社会关系之间沟通的能力等。

有了生涯发展意识，就会对大学生活和未来发展有所规划，并且带着自己的疑问对这些规划进行学习、请教，并进行调整。有了生涯发展的意识，就一定会在成长故事中体现自己各方面的发展。

2. 自我认知的意识

自我认知的意识，就是主动地对自我进行不断探索、加深认知的意识。 包括：通过一些工具方法主动地认识自己、总结自己的特点；通过一些未曾尝试过的经历来主动探索自我，并形成新的看法；通过自我认知，形成新的发展方向，持续行动。

自我认知不是一个确定性的结果，而是一个持续调整的过程。对于处于成长中的大学生来说，更是如此。自我认知的基础是经历，从经历中进行自我认知的迭代，是一种能力。自我认知得出的结论也不是目的，而是为了让人生不断升华而必须要关注的要素。

3. 价值意识

关注自我价值的实现，关注与社会系统之间的价值交换，是大学生必须具备的生涯意识。 关注自我价值的实现，就是要关注自己的优势，关注自己的能力提升，与此同时，还要关注社会的需求，关注职业价值，关注价值交换。

具备价值意识，大学生们才能将个人发展与国家及社会的发展结合在一起。个人发展的方向，就是为了实现某种价值而追求的目标，这样的目标只有放在社会发展、国家需要的背景之下，才能够得以实现。具备了价值意识，也就会有梦想，也就会有方向、有动力地规划未来。

4．建构意识

建构意识是通过丰富自己的生涯视角来从不同维度对自己的过去、特质、未来进行解读的意识。具备建构意识的人，一定会从经历中有独特的发现，进而影响看问题的视角，影响当下的状态以及生涯的走向。建构意识，体现的是一个人的生涯主动性。

二、三条生涯故事的主线

在以上这些意识的作用下，结合大学生的发展阶段，我总结出三条常见的大学生涯故事的主线。这三条主线是大学生发展的三类典型模式，也可以说是三个故事原型。每个大学生都可以从这三条主线出发，对自己的生涯故事进行演绎。

1. 追寻梦想的生涯故事主线

有一类故事，是关于梦想的。**围绕梦想的追求，就是一条生涯故事的主线**。梦想是内心的热爱，是一直追求的愿望，自己奋斗的每一步都是为了实现梦想而努力，包括上大学。那么，大学期间的所有努力与梦想之间的关系，以及当下发展的状况、取得的成绩和对未来的展望，都可以在这条梦想线中得以阐述。当然，在生涯视角的加持之下，这样的梦想也绝非空穴来风，也不仅仅是一时的热情冲动，而是需要经过认真分析与仔细论证，对未来有清晰的规划，并展示出一步步接近梦想、一次次升华梦想的经历。追寻梦想的生涯主线，既可用于成长赛道，也可用于就业赛道，只是呈现的阶段和侧重点有所不同罢了。成长赛道侧重于梦想的探索和发展，就业赛道侧重于梦想的践行和实现。

2. 创造价值的生涯故事主线

有些人的梦想不是从一开始就有的，而是在不断发展的过程中，逐渐培养起对一个领域的热爱。这属于"干一行爱一行"的故事类型。在这样的生涯故事中，核心是：价值。寻求职业价值，发现自己的价值，并且不断提升自己的价值，进而与职业匹配，实现自己的价值。从某种意义上讲，**这条主线就是不断探索和挖掘价值的主线**。在这个过程中，学生们会因为看到了职业的价值而对未来充满憧憬，也会因为发现了自己的价值而更有信心，并且通过努力来提升自己的价值。这是大多数大学生可以考虑的一种故事类型,特别是对于那些对未来并不清晰,但所学专业的发展方向比较明确的学生来说,此时,向深度挖掘价值就是一个很好的发展方向。通过深入挖掘专业领域的价值,他们可以更好地明确自己的路径,并为实现梦想奠定坚实的基础。

3. 主动探索的生涯故事主线

还有一类大学生,或许不喜欢本专业,或许对未来发展方向比较模糊,或许不知道喜欢什么,不知道将来可以做些什么。对于他们来说,**面对未来模糊的不确定性,生涯教育还有一条主线:主动探索**。有困惑、有迷茫并不可怕,令人担心的是,不知道该如何面对困惑和迷茫。生涯教育要做的事就是让学生们知道,目前这个阶段存在迷茫非常正常,所需要做的,就是抓住大学阶段这个重要的探索期,积极开展探索和体验——通过自己的努力,不断积累更多对于自我的认知,积累对于世界的了解,进而逐渐形成对于未来发展方向的考虑。通过这个过程,他们至少对于探索本身更有信心了。这是大学期间所能做的探索,这种探索对于大学生们面对未来非常有价值,这个过程中积累出来的信心和探索能力,势必影响他们的未来发展。

不管是哪一类主线,都一定要关注以下两个方面。

一个方面,关注获得的成长和发展。成长是内在的感受,发

展是外显的成果。 这两个都是生涯教育需要特别关注的,任何一类生涯故事都要有对成长和发展的考虑。大学阶段的成长要有目的性:为什么要成长?由此找到差距,并设计成长计划。如何知道获得了成长?这需要对发展进行评估。

另一个需要关注的方面是,**拿到的成果。成果是一个学生的生涯发展与社会沟通的界面。**简单说,成果就是一种生涯发展的证明,证明学生的成长,证明学生符合职业要求。这样的成果,也是一种社会认可。所以,需要关注的是:证明方式是什么?如何拿到这样的证明?

这两个方面在生涯故事中一定要关注,并适时呈现,这样的故事才符合自己的讲述逻辑。

第二节 围绕三条主线的故事元素

三条主线容易理解，但是要围绕主线把故事讲好，还需要一些故事元素做支撑，这样的故事才会丰满。

一、"追寻梦想"的故事元素

在这一类生涯故事中，重点关注以下五个元素。

1. 梦想的缘起

梦想是什么？梦想从哪里来？这是追寻梦想的故事主线中第一个重要元素。这并不是说，每个人都需要有梦想，但是如果想要讲追寻梦想的故事，就要从梦想的出现开始讲起。或许，是曾经的一个儿时梦想；或许，是家族的一种传承；或许，是一次偶然境遇。不管是哪种，梦想的缘起会赋予这个故事力量。只是，需要注意的是，这个梦想需要贯穿整个故事主线，千万不要强拉硬凑地把曾经的梦想和近处一个不同的目标联系在一起。

2. 为梦想所做的努力

梦想是激发行动的动力源泉，既然是一直以来的梦想，那么一定会有为梦想付出的努力。这样的努力，或许是寒窗苦读赢得的高考，或许是经年累月的持续学习，或许是不断求索的探寻。在这些努力中，更多的是自己为梦想所建构出来的一个"规划"。在职场老手眼里，或许这样的努力是有些幼稚的，但是在幼稚的规划中，那种对梦想的热情却是掩藏不住的。

3. 偏差和困难

故事一定会在原本规划好的路线上改变轨迹的，随着视野的打开，随着机会的增加，追寻梦想的主人公就会发现，原本设计的路径有所偏差，未必能实现最初的梦想。或许，在追寻梦想的路上，会遇到一个未曾料到的大困难，让人对最初的想法有所质疑。这时候，就是重新审视梦想的机会。经过审视，梦想或许会更加坚定，也或许会迭代升级。那么，偏差和困难就是一个重要的机会，以帮助自己纠偏和成长。放在生涯发展的视角来看，这样的经历不仅是现实的，也是非常必要的。

4. 成　长

由于出现了困难和偏差，成长就开启了。成长源于调整之后的努力，这样的努力是瞄准了更加准确的目标，是符合专业度的计划，是经过指点之后的行动。这个成长的过程与之前的努力有区别，在于不再是局限于狭小视野之下的自我建构，而是打开格局之后的开放重塑。所以，值得记录的，也就不仅仅只是简单的努力行为，更重要的还有成长过程中的感悟，以及成长之后收获的成果。在这里，成长、成果、梦想之间，要有一个逻辑上的自洽。

5. 未来可期

这是一个特别值得注意的故事结局，对于梦想的追寻，不见得都是以最终梦想实现作为结尾，因为很多人的梦想在大学期间可能只是刚刚起步。所以，职规大赛的成长赛道中讲到的"目标契合度"，其实指的不是达成目标，而是看"契合"，看"评估"，看"调整"。所以，追寻梦想的故事结尾，不是一个结局，而是一个开启。在这里，经过了一番努力和调整，要看到的是，逐渐接近内心的梦想，由此发现从未放弃的志气，以及表明继续前行的态度。到这里，大家也看到了朝气蓬勃、充满希望的追梦青年，未来可期。

每一个追寻梦想的故事中，一定少不了这五个元素。这不仅是作为参赛选手的最终呈现要考虑的维度，也是在进行生涯教育的时候要关注的要点。

案例

李同学的安全工程师之路

在繁忙的都市生活中,安全问题总是容易被忽视,直到一次偶然的工厂安全事故新闻报道,激起了李同学内心深处的波澜。那时,他还是安全工程专业的一名学生,但那个新闻让他意识到,安全工程师对于社会的重要性远远超出了他的想象。从那一刻起,他立志要成为一名能够保障人们生命财产安全的安全工程师。

李同学的追梦之旅并非一帆风顺。在专业学习中,他发现理论与实践之间存在着不小的差距。课堂上的安全原理和风险评估方法,在实际操作中往往需要更多的经验和判断力。此外,作为班级学习委员和校散打社团的负责人,他还需要学会如何在繁重的学业和社团活动之间找到平衡。

面对挑战,李同学没有退缩。他积极参与某消防技术咨询有限公司的培训,以公司管培生的身份,参与了大学生创新创业大赛,这些经历极大地丰富了他的实战经验。同时,他带领团队参与大学生研究训练计划,深入研究金属粉末粉体的惰化实验,锻炼了他的领导力和科研能力。

在不断的学习和实践中,李同学逐渐认识到,成为一名优秀的安全工程师,不仅需要扎实的专业知识,还需要良好的沟通协调能力和团队合作精神。因此，他在学生会和社团工作中，有意识地锻炼这些技能。

在追梦的过程中，李同学也遇到了困难。在准备注册安全工程师等专业认证考试时，他发现为此需要投入大量的时间和精力，这对他的时间管理能力提出了更高的要求。此外，他也曾在科研项目中遇到过实验数据不符预期的问题，这让他意识到科学研究中的耐心和细致是非常重要的。

尽管追梦之路充满了挑战，但李同学从未放弃。他计划在毕业后加入一家专业的安全咨询公司，开始他的职业生涯，并在实践中继续学习和成长。同时，他也希望在未来几年内取得注册安全工程师等专业认证，以提升自己的专业水平和竞争力。

李同学的长远目标是成为安全工程领域的专家，为社会提供更安全、更环保的解决方案。他相信，通过不懈的努力和坚持，他一定能够实现自己的梦想，为社会的可持续发展做出自己的贡献。

二、"创造价值"的故事元素

创造价值的故事，往往更适合就业赛道。这是大学生开始与社会、与职场进行价值层面交互的故事。一般也包含五个元素。

1. 伟大的价值与模糊的定位

所谓伟大的价值，可能是家国情怀，可能是宏观趋势，也可能是某个职业本身的价值和社会意义。比如，人工智能，作为蓬勃发展的前沿趋势，其价值不言而喻。再比如，生态保护、生物医药等，对于我们的生存环境、生存质量，都有重大意义。或许，这样伟大的意义也正是大学生们当初报名一个专业，选择某个方向的原因——希望通过这样的方式来实现自我价值。但是，与此同时，多数大学生在进入大学之后又普遍有着共同的迷茫——在这个领域里，我可以做些什么？行业太大，职业又太远，专业似乎不能直接对接到触手可及的实践应用，自我定位因此变得模糊。于是，一个寻找价值创造的故事就此开启了。

2. 对于价值的探索

面对人生的迷茫，生涯教育就要发挥作用了——如何选择发挥价值的方向？如何实现自我价值的提升？信息访谈，是最有效的方式之一。可以先进行基本信息的检索、加工和积累，然后开始寻找相关领域的专家、职场高手、业内前辈进行访谈。在这个过程中，会更加清楚自己之前一直以为的价值具体会以什么形式存在，这样的价值和目前的大学专业之间有什么联系，以及自己要做什么努力。很多外行人或许只能了解一些泛泛的价值和宏大的背景，在访谈与探索的过程中，就可以了解到一个职业的具体价值，以及不同赛道的详细区别，还有，在具体选择时又有些什么维度的考量。在访谈中，原本的模糊定位也会因为对于价值的深入了解，而逐渐清晰起来。

3. 强化优势，寻找差距

当价值实现落回到自己的发展路径时，就要对个人特质进行分析：有哪些优势值得发挥？又有哪些差距需要弥补？这是一个自我分析的过程，但这里的分析不是凭空出现的，是基于过去的经历，也是对齐未来的方向。值得注意的是，此时的优势或许比较薄弱，差距或许不小。但是差距并不足为虑，因为这正是提升自我价值的起点。这个时候，主打一个"清醒的自我分析"。清醒在于：不管是优势，还是差距，都不是基于学生思维的某些书本知识，也不是没有调研情况下对于能力素养的泛泛表达，而是基于职业应用场景之下的梳理，这才是基于对照价值的分析。

4. 提升自我，创造更大价值

找到了差距，接下来就该瞄准目标、制订计划、努力行动了。这个执行计划的过程，也是自我价值不断提升，不断实现的过程。所以，过程中的每一个节点，必须有成果的呈现，以及对于成果的分析：哪些价值又提升了？所有人都会因为明确的节点而体会到价值,这就把成长的过程显性化了。过程中不免有调整,有困难,有波折,但这也正是体现求职实战能力的机会。可以说,一个人是否有潜力,正是在这个过程中不断体现出来的——潜力源于自我价值的不断实现,以及价值发展空间的不断打开。

5. 未来更美好

大学即将毕业的时间节点就是这个故事的结局,在结局的时候,有三件事要做:第一,梳理总结自己的价值提升,大学没有白过,围绕价值有了成长,职业总会有着落,这就对未来充满了希望。第二,在不断提升自己的同时,也开阔了眼界,拉高了价值期待的空间,为了创造更大的价值,为了更大的自我实现,未来的计划也徐徐展开。第三,因为一直瞄准价值,所以对这些领域有深入的了解,由此,也对一些行业、职业、领域有了更加深刻的理解,并因此而产生了更大的愿景。这个愿景,就是一个新的美好未来的开启。能看到这一步,那就是接近职业本质的洞察了,也必将在参赛选手心里种下长远发展的种子。

创造价值的故事,是一个大学生带着对自我实现的期待,不断深入了解职场的故事。也是一个有一些迷茫的大学生,在探寻和发展中,内心不断笃定的故事。

案例

崔同学的制药工程师之路

成为制药工程师,在北京这个新时代的首善之区创造价值,是崔同学一直怀揣的梦想。这个梦想的种子,是他在踏入制药工程专业的那一刻种下的,但实现梦想的道路却充满了挑战和未知。

崔同学深知,作为一名制药工程师,他肩负的不仅仅是个人的职业发展,更是推动医药科技进步、守护人类健康的重要使命。然而,面对复杂的职业市场和自身的不足,他的梦想之路似乎显得有些模糊。

为了探索自己的潜力和兴趣,崔同学开始积极参与科研项目和学科竞赛。这些项目经历和多次获奖的科研竞赛经历,不仅锻炼了他的科研能力,也加深了他对制药工程领域的理解。

在不断的学习和实践中,崔同学发现了自己的优势:扎实的专业知识、良好的团队协作能力和创新思维。同时,他也意识到自己在实践经验和行业视野上的不足。

为了弥补差距,崔同学开始有计划地提升自己。他积极参与校内外的实践活动,担任学生干部,这些经历不仅提升了他的组织管理能力，也拓宽了他的社交网络。此外，他还通过参与志愿服务，累计了七百多个小时的志愿北京时长，这些经历让他更加深刻地理解了社会责任和个人价值的实现。

通过不断的自我提升和价值创造，崔同学的职业梦想逐渐清晰。他计划在未来继续深造，提升自己的科研水平，并希望能够在制药工程领域做出自己的贡献。他相信，只要不断努力，未来的职业发展一定会有着落，他的梦想终将实现。

在这个过程中，崔同学的眼界也在不断开阔。他开始关注医药行业的最新动态，对行业发展趋势有了更深刻的理解。这不仅提升了他的专业素养，也提高了他对职业价值的期待。

随着对行业的深入了解，崔同学对于自己未来可能从事的职业有了更加清晰的认识。他希望能够在医药研发领域做出创新，为人类健康做出贡献。这个愿景，成了他的新奋斗目标，也是他美好未来的起点。

三、"主动探索"的故事元素

我们都知道，大学生不见得都有目标，不管是自己的梦想，还是别人给的方向，有些人都没有。这就是生涯教育要面对的事实，我们不能把没有目标的学生打入另册，视为异类。对于没有方向，没有目标的大学生来说，他们的生涯故事是另外一条主线：主动探索。这样的主线故事有以下五个元素。

1. 最初的困惑与迷茫

这是一个非常普通的起点。很多学生在经历了压力巨大的高考之后，进入大学，可能首先感知到的就是难以适应大学生活的困惑，和对于未来如何发展的迷茫。这样的困惑与迷茫，既是大学生涯教育必须关注的课题，也是大学生必然面对的问题。这样的问题需要通过个体的具体表现和深入思考呈现出来，一旦呈现出来，问题就变得有解了。

2. 所做出的探索努力

面对迷茫，探索本身既是过程，也是结果。这是大学生涯教育需要树立起来的一个意识：探索是一个绕不过去的生涯阶段。即便探索没有得出结论，即便探索要持续很久，那也需要认真面对。因为应试教育，很多学生建立了这样的认知：奔着目标去行动。如果没有目标，就会非常焦虑。殊不知，对于处于成长期和转型阶段的大学生来说，人生的长远发展本来就是需要经历探索阶段才能明确方向。这个方向不会立刻出现，不要匆匆随了大流，设置一个目标；也不要依赖一些不靠谱的测评来断章取义地确定自己，沿着一个自己并不相信的目标持续行动，可能只会浪费了自己的生命。而一旦进入职场，再行探索，则成本巨大。

处于两个生涯阶段之间的大学阶段，正是进行探索的最佳时机。探索本身就是目的，为此，要把探索既当作目标，又当作过程，开始读书、体验、访谈、实践等各种探索方式。并且在探索过程之后，通过设置一系列节点来固化这一过程：分析这个阶段的探索结果是什么？分析这个过程中收获的成长是什么？注意，这里的探索结果，不一定是一个最终的目标，而是与之前相比，更多的自我认知。

3. 进一步明确方向

有了探索的节点性梳理，接下来，就一定要及时调整继续探索的方向了。比如，对自己的热爱有了新的发现，那么，接下来的探索可能就是发现更多热爱的领域，或者对热爱的方向进一步深入和细化。比如，探索过程中，对自己某些优势能力有新发现，那么，接下来的探索可能就是寻找可以使用这些能力的领域。再比如，感觉自己可能喜欢舞台感，那就寻找机会参加演讲、当众唱歌等活动。总之，这个继续探索的方向，有可能是向内的自我探索，也有可能是向外的对于更大世界的探索。

4. 下一轮探索

根据进一步确定的方向，就可以开始下一轮探索了。到这里，就开始了下一个循环。值得注意的是，每一个循环得到的，不是一个封闭的目标，而是接下来可以继续提升的方向。这个方向会因为不断探索，而更加明确，更会因为不断探索，而持续提升能力和认知。所以，在不断开启下一轮探索的时候，最需要标记的就是成长的成果。

5. 心怀梦想，不忘初心

大学生进行主动探索，都有一个开始行动时的初心：**为了不虚度人生，为了发挥更大的价值**。很多大学生可以选择按部就班地读书，但是他们对未来有所期待，却又看不清方向；很多大学生可以选择接受别人的安排，但是他们希望遵循内心，却又听不到内心的声音。当他们知道需要给这样的迷茫和焦虑一个"探索"的通道时，才会安心——探索是非常正常的必经阶段，现在也正是最佳的探索时机，只有掌握了探索的能力，才会更加坦然地面对未来。

生涯教育不是个别人的生涯教育，职规大赛也不是瞄准目标的竞技比赛。当我们的生涯教育关注到学生的成长时，关注到不同生涯阶段的核心任务时，主动探索的故事，就是值得呈现的故事。

案例

刘同学的探索之旅

作为一名能源与动力工程专业的学生,刘同学站在自己人生的十字路口。虽然上大学时,听从家人的意见,选择了工科专业,但她对传统工程领域的工作并不热衷。同时,她也感受到了社会对于女性工程师的偏见,考虑到未来职业发展可能遇到的障碍,她有些迷茫。

刘同学没有选择等待答案降临,而是决定主动出击。她开始通过各种渠道了解职业信息,参加学校的职业规划讲座,与职业指导老师进行一对一的咨询。她还加入了校内的多个社团,参与不同类型的项目,试图从中找到自己的兴趣所在。

在自我探索的过程中,刘同学逐渐认识到自己的个人特质:对细节的关注、团队协作的能力以及多角度思考问题的方式。她开始思考如何将这些特质转化为自己的职业优势。

随着时间的推移,刘同学的视野不断开阔,她开始关注和能源与动力工程相关的研发领域。她意识到,尽管传统工程的相关职业可能不太适合自己,但研发工作却能发挥自己的长处。她决定将自己的职业目标定位在成为一名研发工程师,并为之努力。

明确了目标后，刘同学开始了新一轮的探索。她制订了详细的行动计划，包括在大学期间通过英语六级、争取奖学金、参与科研项目等。她还计划利用假期进行企业兼职，以接触实际的工作环境，丰富实践经验。

在大二那年，刘同学加入了学校的科研小组，参与了一个关于能源效率优化的项目。这次经历不仅锻炼了她的科研能力，也让她对研发工作有了更深的理解和热爱。

在追梦的路上，刘同学始终保持着对梦想的执着和对未来的期待。她知道路途不会一帆风顺，但她相信，只要不断努力，就能够逐步实现自己的职业目标。她不忘初心，坚持自我，即使在遇到困难和挫折时，也从未放弃。

在大三的暑假，刘同学获得了一家知名能源公司的实习机会。在那里，她不仅学到了许多实用的技能，也结识了许多行业内的前辈和同行。这次实习经历，让她对自己的未来充满了信心。

第三节 贯穿主线的核心

故事是呈现的方式,过程是呈现的内容,而在这些生涯故事的背后,是一以贯之的生涯教育理念。在生涯课程中,老师就是通过各类体验活动来传递很多生涯意识,帮助学生们成长。其中,有一个特别要强调的核心:主动意识——**主动探索,主动学习,主动发展,主动创造机会,主动认识规律,主动自我实现,主动丰富资源,主动追寻梦想,主动提升价值**。

从被动到主动,这不是一个简单的意识宣讲或者知识普及就可以实现的。这源于在符合生涯阶段的基本发展规律的基础之上,对于所面临问题的创造性解决;源于在面对困惑和迷茫时,对于未来规划的前瞻;源于不断加深内在自我的认知之上,对于自我探索和自我实现的期待。生涯教育要做的,不仅是激发主动性,更重要的是,创造一些体验的机会,让学生们体会到主动意识所带来的价值。这样的体验一经拥有,就会成为自我的一部分,势必影响未来的生涯发展。参与职规大赛,就是这样的机会。讲述生涯故事,就是这样的机会。

在诸多"主动"中,有三类"主动"特别值得关注。

一、主动创造机会

主动"创造机会",在主动意识上,是高于"把握机会"的。但是无论是把握机会,还是创造机会,都有一个前提:知道什么是机会。有些学生受了家庭和社会的影响,总会把机会"庸俗化",认为获得特权叫机会,认为趋炎附势是把握机会。其实,那不叫机会,只是"投机"的想法。

机会的本质是要契合发展时机的。比如,角色适应是大学生涯任务的一个重心,那么,符合角色适应的相关活动,就是机会。不仅应该把握,还要主动创造相关的体验,促进角色适应。再比如,大学生作为年轻人,作为未进入社会的学生,对于访谈就有着天然的身份优势。可以访谈学长,可以访谈校友,还可以凭借学生组织或者社团的名义采访行业翘楚和职场精英。大学生的身份,就是机会,要借这样的机会来开阔眼界。

所以,在准备职规大赛的过程中,一定要问自己这样的问题:在成长、发展的过程中,对你而言,哪些是机会?你把握了哪些机会?又创造了什么机会?

二、主动丰富资源

丰富资源,是大学生必须要面对的另一个课题。总会有人到了毕业季的时候,感觉自己求职艰难,资源不足。也总会有人在大学期间,只知道上课考试,或者窝在寝室打游戏,浪费了很多资源。说到底,就需要搞清楚几个问题:什么是资源?这些资源有什么价值?如何才能利用资源?又该怎么丰富资源?

这些问题并没有确定的答案,但是人们却可以在不断地探索和行动的过程中,创造出来自己的答案。如果简单地把资源划分为内外资源的话,人们就会开始关注内在资源的内容,也会开始关注外在资源出现的地方。如果按部就班地生存、生活、发展,就会进入一种他人设定好的轨道,接受别人安排好的资源。但如果开始有意识地关注自己的发展方向,有意识地关注自己与外界的互动,就不会被困在别人设定好的节奏里,也不会陷入各种激烈的"内卷"之中。

有人认为只有人脉才叫资源,却不知道环境提供的文化氛围也是资源;有人认为能力是内在资源,却没想到在一些关键决策点,品格和认知更为重要;有人认为金钱与特权是资源,却没想到视野与格局是金钱买不到的，是享有特权也无法实现的资源。当人们看到更多资源的时候，就可以开始利用资源，并主动接近资源，丰富自己。

三、主动提升价值

不管是追求梦想，还是获得成长，或者是实现就业，每个人都离不开与社会的互动，也一定离不开对于价值的关注：我对别人的价值是什么？如何才能提升价值？如何才能更大程度地发挥价值、实现价值？

这里的价值，是一种有用性，却也不是简单功利的有用性。一个人的价值可以用不同范围的层级和不同时间长度来衡量，有对于客户的价值，对于企业与组织的价值，对于国家和社会的价值，也有当下的价值，持续的价值，长远的价值。提升价值，既是为了别人，也是为了自己。所以，就需要考虑：对方需要的价值什么？我的价值如何才能呈现出来？由此，大学生才会主动进行社会实践和工作实习，才会有在每一个成长节点取得的成果。

认识到了"价值"的价值，大学生就会主动提升价值。这其实也是一种思维意识的转变：原本，考试分数就是一个人价值的证明；但是进入更大的社会体系中，价值的需求和呈现都是多元的，就需要主动探索和提升价值、呈现价值。

主动创造机会、主动丰富资源、主动提升价值，不管是哪种形式的主动，都是生涯教育要关注的核心意识。因为生涯教育的结果，就是希望一个人能够焕发出"主动"的能动性，对自己的发展有更加明确的方向，更加主动地开始行动。

后 记

生涯教育是一个系统

谈及"生涯",人们多以"生涯规划"来组词描述。但是,我们又都知道,生涯无法"规划",或者说,无法以人们以为的"从一而终"的方式来规划出一个一生从事的职业目标。走着看,走一步说一步,就是生涯探索,就是生涯发展。

虽然,我们需要提升"规划能力",但指向狭义的"规划"似乎更为合理。狭义的"规划"指的是在既定目标之下,对于资源的整合和对于行动的计划。如果放大到整个人生的视角呢?因为有科学技术的快速迭代,因为有经济政治形势的瞬息万变,因为有不断成长发展的自我,因为有层出不穷的各类意外,人生似乎无法"规划"。

那么,生涯教育做什么呢?

生涯教育是提升孩子们、学生们独立面对未来能力的教育。从这个角度来说,生涯教育注定面向那些没有进入社会,没有走向职场,没有经济独立的学生。生涯教育就是通过影响和改变学生们的认知和意识，帮助他们提升能力，在角色转变的时候，在面对未曾经历的环境时，还可以从容应对。

生涯教育是一个系统，一个循序渐进的系统。长久以来，人们把生涯教育等同于求职就业，就是因为到了大学毕业的时候，人们才开始真正关注"职业"。其实，职业选择只是一个节点，和专业选择、志愿填报一样，只有积累了足够的内在资源，才可以丰富选择时的选项，提升选择时的能力。而这样的选项和能力，却需要经年累月的持续积淀。生涯教育是一个循序渐进的系统，从小开始，从家庭教育开始，从基础教育开始，大学的生涯教育是生涯教育的最后一站。

生涯教育是一个系统，一个无处不在的系统。说起"生涯"，很多人自然把这个词和"职业"联系在一起，这没有错，因为职业者在一个人的生涯中占据着重要角色。然而，生涯不等于职业。我们作为教育者，更要关注培养一个孩子的社会角色、家庭角色，还要关注培养孩子向内的自我探索和发展。所谓成功，既有社会外界的评价，也有内在的认可和热爱。所谓幸福，更是基于多元角色之下的社会关系和为人处事的内心感受。生涯教育无处不在，在生涯课上，更在各种教书育人的课堂上、活动中，在家庭里，也在生活中。

生涯教育是一个系统，一个跨越时空的系统。教育者不应该是功利主义者，在基础教育中，如果只是追逐立刻提分，那就是功利；在大学教育中，如果只是追逐就业率，那就是功利。功利主义带来的是根本性错误，会让人们在功利的诱惑和蒙蔽之下，失去了本该秉持的教育初心，失去了本该关注的教育使命。教育者要做长期主义者，十年树木、百年树人。生涯教育的内核，说到底，还是教育。当我们从生涯发展的视角关注学生未来发展的可能性时，每一个教育者都能成为教育家。

期待越来越多的大学教育者研究生涯教育，发展生涯教育，把生涯的智慧传授给大学生们！

赵　昂

参考文献

[1] 周文霞，谢宝国，潘静洲，等. 职业生涯研究与实践必备的41个理论[M]. 北京：北京大学出版社，2022.

[2] 埃利斯. 优秀大学生成长手册[M]. 何雨珈，刘静焱，于吉美，等译. 北京：科学出版社，2013.

[3] 里尔登，伦兹，彼得森，等. 职业生涯发展与规划[M]，侯志瑾，等译. 北京：中国人民大学出版社，2016.

[4] 金树人. 生涯咨询与辅导[M]. 北京：高等教育出版社，2007.

[5] 赵昂，任国荣. 通往未来之路：培养有梦想的孩子[M]. 北京：机械工业出版社，2020.

[6] 赵昂. 富足人生：智慧进阶的十二堂课[M]. 北京：机械工业出版社，2023.

[7] 赵昂，维卡. 脱颖而出：职场新人第一课[M]. 北京：机械工业出版社，2024.